A compreensão leitora
nos anos iniciais

Coleção Compreensão Leitora: Teoria e Prática
Coordenadora: Suzana Schwartz

– *A compreensão leitora nos anos iniciais – Reflexões e propostas de ensino*
Zoraia Aguiar Bittencourt, Rodrigo Saballa de Carvalho, Sílvia Juhas e Suzana Schwartz

Dados Internacionais de Catalogação na Publicação (CIP)
(Câmara Brasileira do Livro, SP, Brasil)

A compreensão leitora nos anos iniciais : reflexões propostas de ensino / Zoraia Aguiar Bittencourt... [et al.]. – Petrópolis, RJ : Vozes, 2015. – (Coleção Compreensão Leitora : Teoria e Prática)

Outros autores: Rodrigo Saballa de Carvalho, Sílvia Juhas, Suzana Schwartz

Bibliografia
ISBN 978-85-326-5077-1

1. Professores – Formação 2. Compreensão – Leitura – Avaliação 3. Compreensão leitora 4. Textos I. Bittencourt, Zoraia Aguiar. II. Carvalho, Rodrigo Saballa de. III. Juhas, Sílvia. IV. Schwartz, Suzana. V. Série.

15-05858   CDD-372.4

Índices para catálogo sistemático:
1. Compreensão leitora : Educação   372.4

ZORAIA AGUIAR BITTENCOURT
RODRIGO SABALLA DE CARVALHO
SÍLVIA JUHAS
SUZANA SCHWARTZ

A compreensão leitora nos anos iniciais

Reflexões e propostas de ensino

EDITORA VOZES
Petrópolis

© 2015, Editora Vozes Ltda.
Rua Frei Luís, 100
25689-900 Petrópolis, RJ
www.vozes.com.br
Brasil

Todos os direitos reservados. Nenhuma parte desta obra poderá ser reproduzida ou transmitida por qualquer forma e/ou quaisquer meios (eletrônico ou mecânico, incluindo fotocópia e gravação) ou arquivada em qualquer sistema ou banco de dados sem permissão escrita da editora.

Diretor editorial
Frei Antônio Moser

Editores
Aline dos Santos Carneiro
José Maria da Silva
Lídio Peretti
Marilac Loraine Oleniki

Secretário executivo
João Batista Kreuch

Editoração: Gleisse Dias dos Reis Chies
Diagramação: Sandra Bretz
Capa: WM design

ISBN 978-85-326-5077-1

Editado conforme o novo acordo ortográfico.

Este livro foi composto e impresso pela Editora Vozes Ltda.

Sumário

Apresentação da coleção, 7

1. Compreensão leitora: o quê, para quê e como, 9
2. O ensino e a aprendizagem de Língua Portuguesa nos anos iniciais, 24
3. As práticas pedagógicas, 60
4. Avaliação, 148

Referências, 169
Os autores, 173
Índice, 175

Apresentação da coleção

A leitura e a escrita estão entre as ferramentas mais importantes que os seres humanos podem dispor e que oportunizaram mudanças qualitativas na história e no pensamento. Escrever, ler e compreender são processos que precisam ser ensinados e desenvolvidos ao longo da escolaridade. No entanto, em todas as modalidades de ensino estamos tendo problemas para concretizar essas aprendizagens. O fenômeno do analfabetismo funcional – que nos níveis mais avançados encaminha para que o sujeito, embora seja capaz de decodificar textos, não alcance compreender seu sentido – está sendo estudado em muitos países, dentre eles o Brasil, a fim de se encontrar alternativas para esse e outros problemas de compreensão.

Ao encontro dessa demanda, planejamos uma coleção de livros cujo tema, "compreensão leitora", é abordado nas perspectivas da Educação Infantil, anos iniciais do Ensino Fundamental e Ensino Superior.

Esperamos que a coleção contribua na formação de leitores autônomos, capazes de ler, produzir, compreender e desfrutar diferentes tipos de textos.

Boa leitura!

1
Compreensão leitora: o quê, para quê e como

> *Se estudar, para nós, não fosse quase sempre um fardo; se ler não fosse uma obrigação amarga a cumprir; se, pelo contrário, estudar e ler fossem fontes de alegria e de prazer, de que resulta também o indispensável conhecimento com que nos movemos melhor no mundo, teríamos índices mais reveladores da qualidade de nossa educação. Este é um esforço que deve começar na Escola Infantil, intensificar-se no período de alfabetização e continuar sem jamais parar* (FREIRE, 2000, p. 37).

O esforço a que Freire se refere seria o de desenvolver estratégias para que o prazer perpassasse os processos de ensino e de aprendizagem, fazendo com que na escola os sujeitos aprendam e ensinem em situações que não sejam percebidas como chatas, cansativas, sem significado. Não é o que geralmente acontece. Cenas que são comuns nos domingos à noite, como crianças começarem a mostrar algum tipo de indisposição como estratégia para não ter que ir à escola no dia seguinte, podem ser consideradas como sintomas disso. Outro fato contumaz relatado por pesquisadores que se dedicam a investigar o mal-estar docente (ESTEVE, FRANCO, VERA, 1995; JESUS, 1996; ABRAHAM, 2000) é a falta de motivação dos docentes para se dirigirem ao local de trabalho, sensação que se acentua no domingo à noite.

Referendando esses fatos, estudos realizados com alunos, relacionados com a ausência do prazer nos processos de ensino de aprendizagem, apontam para a existência de uma diminuição ao longo dos anos iniciais da educação básica na motivação para a aprendizagem.

Outros estudos (GAMBRELL, CODLING, PALMER, 1996; GAMBRELL, PALMER, CODLING, MAZZONI, 1996), voltados para o prazer de ler de estudantes entre os terceiros e os sextos anos, encontraram grupos significativos de alunos que afirmavam preferir limpar seus quartos a ler (17% dos entrevistados); que esperavam ter que se dedicar pouco à leitura quando fossem maiores (14%) e que pensavam que as pessoas que leem são aborrecidas (10%).

No contexto brasileiro, as diferentes avaliações educacionais realizadas periodicamente sinalizam para o fato de que a maioria dos alunos que concluem o Ensino Fundamental evidencia dificuldades relativas à compreensão leitora, quadro que se repete em outros níveis de escolaridade. Ler e compreender são competências que se aprendem (ou não) ao longo da escolaridade e demandam intervenções didáticas específicas e objetivas.

Este livro tem o objetivo de abordar o tema da leitura e da sua compreensão em seus aspectos teóricos e, principalmente, sugerindo alternativas para contribuir na modificação das estatísticas relacionadas com esses fenômenos. Para tal, analisaremos o que é a compreensão leitora e como se pode contribuir para construí-la com os alunos.

Para iniciar, vamos definir alguns conceitos que embasam o tema. Comecemos pelo significado de compreender.

Essa palavra tem origem no latim, *compreendere*, que significa colocar junto os elementos da explicação, considerando que existem vários aspectos que contribuem para explicar algo. A compreensão humana também necessita fazer uso da empatia, de identificação, de interpretação. Por exemplo, o que faz com que se compreenda alguém que chora não é analisar as lágrimas no microscópio, mas conhecer o significado da dor, da emoção. Empatia se refere à capacidade de se colocar no lugar do outro, compreendendo como o outro pensa. Não é suficiente pensar: "Eu no lugar do fulano faria isso". Dessa forma, não se está sendo empático. Para sê-lo é necessário ser capaz de interpretar como o outro se sente, por que se sente assim, que alternativas o outro percebe, como ele justifica suas ações. Ser empático é difícil, complicado, pois vivemos em uma sociedade que geralmente favorece o sentido de responsabilidade individual, o "eu".

A ausência de atenção e observação do outro, as visões unilaterais são empecilhos para a compreensão. A compreensão é processo de busca de significado, no qual o sujeito realiza um encontro consigo mesmo e o mundo externo e articula estes elementos na construção de outro conhecimento. A compreensão do outro demanda a compreensão de si. Morin (2000) afirma que uma dificuldade para a compreensão é a falta de preocupação em ensiná-la na escola.

Como se pode ensinar compreensão na escola? Compreender o que o outro escreve, com qual intenção o fez, qual a ideia principal que quer transmitir, são aprendizagens objetivas, necessárias e possíveis de serem construídas ao longo da escolaridade, porém demandam conhecimento e planejamento didáticos específicos.

Vamos, então, pensar juntos, ao longo do livro, sobre esse conhecimento e sobre como planejar as intervenções didáticas para trabalhar a compreensão leitora em sala de aula.

Quando diferentes linguagens nos desafiam a compreendê-las, ler e compreender textos precisam incluir a competência de ser capaz de neles selecionar "conhecimento pertinente" (MORIN, 2000) entre quantidades de informações. Significa também não ficar apenas no que dizem explicitamente os textos, mas ser capaz de analisar através da linguagem utilizada nas entrelinhas, refletir criticamente sobre o que dizem, construindo relações com o conhecimento prévio, elaborando argumentos para concordar ou discordar, interrogar o texto, escutá-lo quando ele propõe dúvidas, questionar ideias prévias, o que nos conduz a um pensamento melhor elaborado.

Antes que se possa continuar na busca da compreensão leitora, é importante refletir a respeito da concepção de linguagem que está sendo adotada. Diferentes concepções remetem a compreensões diversas, e o nosso objetivo é minimizar aspectos que possam direcionar para a incompreensão das nossas ideias.

Koch (2005) enfatiza três diferentes concepções de linguagem: (1) linguagem como representação do pensamento e espelho da mente; (2) linguagem como ferramenta de comunicação e (3) linguagem como ação e interação.

A concepção de linguagem como representação do pensamento é considerada como algo que serve para acessar o conhecimento já existente na mente do indivíduo, como se ele fosse pronto, acabado, e a linguagem em si mesma não contribuísse para a sua constituição e constantes mudanças. Nessa perspectiva, um texto, qualquer um, só permite uma única interpretação, a considerada correta. Professores que trabalham nessa concepção de linguagem geralmente elaboram perguntas de interpretação textual, coerentes com as ideias de que cada texto permite apenas uma única compreensão.

A segunda concepção é a de linguagem como ferramenta de comunicação, na qual lhe é atribuída a função de transmissão de informações do emissor para o receptor, em que a comunicação efetiva depende basicamente do processo de codificação e decodificação da linguagem. Através da linguagem o sujeito transmite suas intenções comunicativas como estão representadas na sua mente. Nessa concepção, se acontecem ruídos de comunicação que geram incompreensões, o problema é percebido, geralmente, como estando no receptor, que teve dificuldades em compreender.

Já a concepção de linguagem como ação e interação enfatiza o papel da linguagem na construção do conhecimento, apoiando-se nos pressupostos de Vygotsky (1996), nos quais a linguagem é vista como o principal instrumento de interação. Nessa concepção ela é percebida como algo vivo, cuja compreensão depende, dentre outros fatores, do contexto no qual é utilizada, do conhecimento prévio dos sujeitos que nela interagem, dos objetivos com que o sujeito se aproxima desse texto. Nessa perspectiva o mesmo texto oportuniza diferentes compreensões, pois os sujeitos são diferentes, viveram experiências pessoais, trajetórias diversas até chegar àquele texto.

A construção das habilidades necessárias para a compreensão leitora está relacionada também com o desenvolvimento da comunicação verbal, pois a linguagem envolve conhecimentos, processos e habilidades que vão além do domínio do código escrito (ALONSO TAPIA, 1997). Por exemplo, as crianças aprendem a associar a linguagem com elementos de contexto não linguístico em que essa ocorre, o que é um passo para a sua compreensão. Depois aprendem a usar o contexto linguístico como referência a partir do qual passam a entender os diferentes aspectos da linguagem, o que é especialmente importante no caso da linguagem escrita, na qual diferentes características da estrutura de frases e textos também são indicadores de intenções comunicativas (ALONSO TAPIA, 1991, 1992).

Essas ideias enfatizam a necessidade de planejar estratégias para proporcionar aos alunos a compreensão da relação entre linguagem, contexto e propósitos comunicativos, bem como a construção de competências no seu uso a partir do conhecimento das relações mencionadas, porque, para compreender a língua de forma adequada, é necessário que esteja conectada com os contextos em que é utilizada (ALONSO TAPIA, 1997).

A leitura é uma atividade situada em um processo comunicativo, o texto, no qual um sujeito deseja expressar algo com algum tipo de intenção. Consequentemente, compreender um texto demanda identificar de que tema ele trata, o contexto em que foi abordado e com qual ou quais intenções.

De que processos dependem a leitura e a compreensão do texto? De acordo com Alonso Tapia (2012), existe um consenso entre os especialistas sobre os fatores que influenciam nesses processos. Se algum ou alguns deles não se realizam de modo adequado pode ser que não se consiga compreender o texto, e essa incompreensão poderia gerar uma sensação desprazerosa que contribuiria para o abandono da leitura de forma literal ou, mesmo que continuemos com o texto diante de nós, a atenção que colocamos nele não seria suficiente para compreendê-lo.

A rapidez com que os sujeitos leem palavras familiares, como "gato", e a dificuldade com que leem as menos frequentes, como "inconstitucionalissimamente", são fatores que contribuem para a qualidade da compreensão leitora. Dedicar mais tempo à "decodificação" das palavras desvia a atenção do leitor para o significado delas. Significa que, quanto mais rico o vocabulário frequente do leitor, menos atenção à decodificação ele empreenderá e mais se voltará para o significado da palavra, o que contribuirá para a qualidade da compreensão.

A atenção ao significado das palavras depende também do contexto em que essas estão situadas. Esse contexto está articulado com a representação mental que o leitor pode fazer e que, por sua vez, se relaciona com o conhecimento prévio que ele tem sobre o tema de que trata o texto. Compreender um texto equivale a formar uma representação do que nele está escrito. Essa representação é influenciada pelo conhecimento prévio do leitor sobre o tema, o tipo de texto e a intenção com que o leitor realiza a leitura.

Nesse sentido, se partimos da ideia de que muitos alunos têm dificuldades em compreender textos e desejamos, enquanto professores, contribuir para desenvolver estratégias para melhorar seu desempenho leitor, podemos iniciar planejando estratégias didáticas que favoreçam o resgate do conhecimento prévio do grupo de alunos, pois esse é diferente de um sujeito para o outro, e essa interação pode contribuir para que socializem ideias que contribuam para a compreensão. Se isso não ocorrer, o professor pode inserir informações relevantes oportunizando que os alunos estabeleçam relações entre essas e as que o texto contém.

Outra estratégia importante é que o professor explicite o(s) objetivo(s) de aprendizagens que pretende com o texto, direcionar o olhar dos alunos para algum tipo de informação que ele traga, para contribuir para a busca de conhecimento pertinente.

Identificar, juntamente com os alunos, o tipo de texto que está sendo trabalhado também pode favorecer a compreensão. Saber se é um texto informativo, um artigo de opinião ou um texto literário fornece subsídios para a expectativa do tipo de informações que poderão encontrar nele. Essa estratégia específica depende de um trabalho prévio, que vai sendo feito ao longo da escolaridade, com diferentes tipos de textos, e do ensino explícito das características de cada um deles.

O professor pode também ler um parágrafo do texto explicitando para os alunos as estratégias que ele, enquanto leitor competente, faz para compreender o que está lendo. De acordo com as perguntas que os alunos podem fazer enquanto o professor exemplifica o seu processo de compreensão, essas poderão contribuir para que o professor identifique quais são as dificuldades de compreensão que esse grupo de alunos tem. Essas são estratégias de ensino de compreensão leitora que precisam ser trabalhadas sistematicamente.

Por exemplo, sobre um parágrafo desse próprio texto que estamos escrevendo: *Na concepção de linguagem como representação do pensamento, esta é considerada como algo que serve para acessar o conhecimento já existente na mente do indivíduo, como se **ele** fosse pronto, acabado e **ela** em si mesma não contribuísse para a sua constituição e constantes mudanças.*

Situação hipotética para alunos em um estágio mais avançado da escolaridade: o professor quer ensinar o papel dos elementos de referencialidade em um texto. Para isso, apresenta o parágrafo acima e lê. A seguir, pode questionar: A quem ou ao que a palavra *ele*, na penúltima frase, se refere? E a palavra *ela*? De acordo com as respostas dos alunos, poderia mostrar como ele, professor, faria para responder essas perguntas. Que tipo de estratégias de pensamento usaria e, à medida que for pensando, vai explicitando para os alunos como ele faz.

Em uma outra atividade desse tipo, em outro momento, o professor pode solicitar que um aluno explicite o seu esquema de pensamento, socializando com os colegas as suas estratégias, que podem ser diferentes das do professor. O importante é a compreensão.

Para alcançar a compreensão leitora, o sujeito, teoricamente, precisa passar por três desafios relacionados com a aprendizagem da linguagem escrita: o primeiro consiste na aprendizagem da habilidade de passar da ortografia das palavras, para a fonologia e dessa para o significado, ou, no caso da escrita, da fonética para a ortografia. Essas são habilidades específicas e correspondem ao que geralmente denominamos "mecânica" da leitura ou "reconhecimento das palavras" (SANCHEZ MIGUEL, 2004, p. 7).

O segundo desafio supõe utilizar essas habilidades para nos comunicar por escrito e para compreender o que os outros comunicam. Uma comunicação que acontece, geralmente, a distância e que demanda o desenvolvimento de recursos cognitivos sofisticados que ultrapassam as competências linguísticas orais.

O desafio "final" corresponde à articulação entre o primeiro – a mecânica da leitura – e o segundo – a habilidade comunicativa. A qualidade que esses dois processos farão entre si encaminhará ou não para a capacidade de compreender os textos que o sujeito lê.

O processo do aluno inicia quando compreende o funcionamento do sistema alfabético, consegue decodificar as palavras, frases e textos. Essa aprendizagem não é simples e os indicadores da educação no Brasil têm evidenciado as dificuldades que os professores estão tendo para alcançá-la.

Depois de alcançar a compreensão do funcionamento do sistema alfabético, o aluno passa a ser exposto a diferentes tipos de textos, e essas experiências podem contribuir para que ele construa outro tipo de competências que podem ou não, dependendo da qualidade delas, contribuir para a compreensão leitora.

No Brasil, alguns indicadores explicitam que os estudantes concluem os nove anos do Ensino Fundamental e os três do Ensino Médio lendo sofrivelmente e sem o domínio da linguagem matemática básica (Prova Brasil, 2006; Inaf, 2005).

Para contribuir na mudança desses índices, vamos seguir refletindo sobre os aspectos que influenciam na compreensão leitora.

1.1 Motivação para ler e compreender

A motivação e o processo leitor são pilares que se apoiam mutuamente e influenciam e são influenciados por outros aspectos do contexto. Se a motivação não for adequada, o aluno não vai ler, mas, se não souber ler autonomamente, tampouco se a motivação for adequada, conseguirá ler compreensivamente. A motivação e o processo leitor se apoiam e são (ou não) retroalimentados no contexto em que se aprende a ler e/ou no qual se estimula a leitura com outros objetivos.

O tipo de motivação que estiver mobilizando o sujeito quando for realizar uma leitura é um fator com potencial determinante para articular essa leitura com o prazer de ler. Essa motivação pode ser tanto de aproximação como de evitação. Pode-se considerar que, se o texto sugerido tiver o objetivo da necessidade da sua leitura especificado pelo professor, se for ao encontro do conhecimento prévio do leitor, oportunizando que ele elabore representações mentais, articulando informações, percebendo que está compreendendo e com isso aprendendo, essas serão sensações prazerosas que poderão contribuir para aproximação e a continuidade dessa e de outras leituras.

O contrário disso, se nem o tema do texto e nem o objetivo da leitura ficarem claros para o leitor, impossibilitando a elaboração de uma representação mental e impedindo-o de fazer relações entre outras informações já existentes, essas podem ser sensações não prazerosas que podem incentivar negativamente o sujeito, fazendo-o evitar e abandonar a leitura ou não colocando empenho e atenção nela.

Os sujeitos leem por diferentes motivos. Por trás dessa ação existe um objetivo que tanto pode ser por divertimento, para aprender a manejar algum eletrodoméstico, para obter algum tipo de informação, para memorizar conteúdos para uma avaliação, entre outros. O objetivo com que nos aproximamos de um texto influi na maneira que lemos, pois faz com que centremos a atenção em diferentes níveis e aspectos do texto. Consequentemente a motivação com que lemos se caracteriza como um dos aspectos de diferenças individuais da leitura e da compreensão textual. Pesquisas (ALONSO TAPIA, 2012) têm evidenciado que o tipo de motivação com a qual se lê depende de pelo menos quatro aspectos.

O primeiro deles são as expectativas que os leitores têm em relação ao objetivo que precisam alcançar com essa leitura. Nem sempre se acredita que o importante é compreender. Muitas crianças, por exemplo, pensam que o importante é conseguir decodificar sem se equivocar (GARNER, 1981, apud ALONSO TAPIA, 2012). Por isso, quando leem, prestam atenção a aspectos do texto que não favorecem a compreensão textual, esforçando-se em decodificar as palavras adequadamente. Mas, por que isso acontece? Parece que porque nos primeiros anos de aprendizagem da leitura, tanto na escola como em casa, enfatiza-se a necessidade de pronunciar e entonar "corretamente" mais do que a de compreender o texto.

Nesse sentido, contribui Solé (1992) explicitando que ler é compreender e compreender, é, sobretudo, um processo de construção de significados sobre o texto. É um processo ativo, pois a compreensão não tem relação linear com a recitação do conteúdo.

Outro fator que influencia as metas com que o sujeito lê se refere a suas crenças em relação ao que significa compreender. Alguns autores, entre eles Garner e Kraus, 1981-1982, e Yuill e Oakhill, 1991 (apud ALONSO TAPIA, 2012), depois de entrevistar sujeitos com e sem problemas de compreensão leitora, evidenciaram que para os primeiros era importante compreender as palavras do texto e, quando conseguiam isso, ele deixava de ser difícil. Esse fato sinaliza para a percepção de que os sujeitos se contentavam com uma compreensão fragmentada, superficial, suficiente para recordar o texto e não pareciam buscar ir além de identificar o tema, compreendendo o texto como um todo, procurando captar seu significado central, elaborando uma representação mental adequada, que, nos textos poéticos por exemplo, incluiria conseguir ser empático com as emoções que o autor deseja comunicar.

Não buscam, pois, a compreensão aprofundada do texto. Se não buscam, podemos supor que é porque não a necessitam para cumprir tarefas propostas pelo professor: isso, a ausência de demanda por outro tipo de leitura incentivada, talvez, pelos tipos de atividades planejadas pelo professor. Como exemplo, são frequentes situações de avaliação na escola que demandem apenas a compreensão superficial do texto (ALONSO TAPIA, 2012), através de perguntas denominadas de interpretação nas quais são questionados o nome dos personagens, o que faziam, onde iam, cujas respostas aparecem de forma clara nos textos. Esse tipo de atividade pressupõe que o aluno seja capaz de decodificar o texto, mas não demanda a compreensão profunda do seu conteúdo.

Esse tipo de atividade denominada de "interpretação textual", muito comum desde os primeiros até os últimos anos da educação básica, ensina aos alunos manter o foco em "palavras-chave" do texto em lugar de enfatizar a necessidade da compreensão global do tema.

O terceiro fator que influência na motivação com que o sujeito lê se refere à atenção e ao interesse que o conteúdo da leitura desencadeia. Quando o interesse é menor, ou pouco, se investe pouca atenção, o que faz com que a compreensão seja menos qualitativa. Para desejar ler, é necessário que o leitor signifique a ação para si mesmo, pois ela demanda esforço cognitivo para o qual precisa estar interessado e motivado e é preciso que o professor considere também que o interesse do aluno necessita ser retroalimentado ao longo das atividades de compreensão textual. Nesse sentido, conhecer o que vai ler e para que fará isso são informações necessárias e importantes para a leitura produtiva.

Tanto para que a criança quanto para que o adulto se interessem por ler, é necessário que consigam antecipar que o esforço vai lhes trazer algum benefício, que pode ser em forma de emoções prazerosas ligadas ao tema da leitura, como em forma de aprendizagens úteis e significativas (ALONSO TAPIA, 2012).

Finalmente, o grau de implicação do sujeito na compreensão do texto não depende apenas de que queira fazê-lo, mas, também, de que seja capaz de fazê-lo, isto, esse grau está articulado também com as dificuldades que possa encontrar durante o processo de compreensão. Se o leitor tem dificuldades na decodificação, terá poucos recursos para compreender; se o conhecimento do léxico ou do tema for escasso; se não sabe depreender o significado das palavras no contexto; se sua atenção é desviada frequentemente para algum detalhe do texto (como longas notas de rodapé, p. ex.), sendo incapaz de retomar e buscar ativamente o essencial, articulando as diferentes ideias, a dificuldade do texto se torna tal que impede sua capacidade de centrar a atenção aos diferentes elementos implicados na compreensão, consequentemente a experiência não será prazerosa, com o que o sujeito tratará de evitá-la.

O processo de construção de significados do texto muda de leitor para leitor, pois ele é dependente/autônomo, dentre outros fatores, do conhecimento prévio que o sujeito tem sobre o tema, bem como na confiança nas próprias possibilidades como leitor. "Quando essas condições se encontram presentes em algum grau, e se o texto o permitir, podemos afirmar que, também em algum grau, o leitor poderá compreendê-lo" (SOLÉ, 1992, p. 18).

Nesse sentido, o processo de leitura e a motivação para que ele se realize se influenciam mutuamente, são autônomos-dependentes (MORIN, 2000); fato que precisa ser considerado quando o professor quiser modificar esse quadro (ALONSO TAPIA, 2012).

Com base nas ideias apresentadas, percebe-se que ensino planejado e intencional da compreensão leitora pode ajudar o leitor a utilizar seu conhecimento prévio, a realizar inferências para interpretar o texto e a identificar e esclarecer o que não entende. Parece que não muitos acreditam na ideia de que é preciso ensinar a ler compreensivamente, e que isso é "compromisso de todas as áreas".

Considera-se que a leitura é uma habilidade que, uma vez adquirida pelos alunos, pode ser aplicada sem problemas a múltiplos textos. Muitas pesquisas, porém, mostram que isso não acontece assim. Não existe uma relação linear entre decodificação e compreensão (SOLÉ, 1992). O ensino da compreensão precisa ser processo contínuo, necessário para que os sujeitos deem conta de diferentes tipos de textos, para atender as novas exigências que vão surgindo ao longo do tempo.

Nesse contexto, considerando que a leitura não é apenas um meio de adquirir informação, mas também um instrumento para a elaboração de pensamentos críticos e capazes de considerar diferentes perspectivas, elaborando juízo de valor consistente e fundamentado, é preciso acreditar que, para formar leitores capazes disso, existe a demanda de intervenção específica de todas as áreas do conhecimento. Todos os sujeitos, não importando o grau de escolaridade, alunos e professores, possuem algum tipo de analfabetismo funcional. Para tal, é necessário planejar estratégias específicas para ensinar os alunos a lidar com as tarefas de leitura em cada componente curricular a fim de que os objetivos de ensinar e aprender sejam alcançados.

2
O ensino e a aprendizagem de Língua Portuguesa nos anos iniciais

2.1 O ensino de Língua Portuguesa nos anos iniciais

Neste capítulo convidamos você a refletir sobre algumas possibilidades pedagógicas que podem ser colocadas em ação nos anos iniciais do Ensino Fundamental em relação ao ensino e à aprendizagem da língua materna, tendo como objetivo a formação de leitores e escritores competentes.

Para iniciar nossa conversa é importante saber que aprender e ensinar Língua Portuguesa nos anos iniciais do Ensino Fundamental está relacionado com a mediação e a intervenção constante da professora para proporcionar momentos de interação entre as crianças e os textos que circulam socialmente, pois é nesse diálogo que são construídos os sentidos sociais dos usos da língua. Sentidos estes que poderão ser construídos se a criança perceber que o que é ensinado na escola tem relação com o que existe fora da escola. Sendo assim, um dos papéis da escola é aproximar o ensino de Língua Portuguesa das práticas de leitura e escrita vivenciadas pelas crianças em situações reais de interações comunicativas do seu dia a dia, com os objetivos de ampliar o seu repertório de conhecimento sobre os usos e as funções de diferentes gêneros textuais, despertar o prazer pela leitura e contribuir para a formação do leitor competente.

A compreensão deste componente curricular como um complexo de construções, relações e interações no intuito de formar leitores e produtores de textos orais e escritos, tomando a centralidade do texto como ponto de partida para a compreensão da língua em uso é uma das perspectivas que apontam para essas mais recentes abordagens teóricas em relação ao ensino de língua materna. Afinal, como é possível ensinar uma língua que já está diariamente em uso?

A ideia também é levarmos as crianças a terem consciência de que já sabem muito sobre sua própria língua, sobre como ela é usada e de suas implicações comunicativas. Para tal, o ponto de partida é a observação atenta do que as crianças fazem diariamente com a língua, de como elas constroem ativamente seus processos de significações para tudo o que veem, o que leem, pois, diante de qualquer objeto simbólico (e a língua é um deles), o ser humano é instigado a interpretar. Desse modo, é fundamental que você, professora, possibilite espaços em sala de aula para que as crianças manifestem-se enquanto usuárias ativas da língua. Escrever uma carta para um colega que não veio à aula, elaborar um cartaz divulgando uma pesquisa realizada, socializar com os colegas uma leitura realizada na biblioteca, expor a opinião a respeito de uma proposta de projeto didático, avaliar uma atividade desenvolvida, revisar o texto escrito por um colega, podem ser consideradas como algumas estratégias de uso significativo da língua no espaço escolar.

Os estudantes, a partir de algumas práticas interpretativas e autorais de leitura e de escrita, podem assumir um papel ativo na construção das suas aprendizagens sobre o modo como a língua se estrutura e significa socialmente. Neste sentido, é preciso que você realize práticas diárias de proposição de leitura e escrita em diversos níveis de complexidade com a sua turma – escrita coletiva, escrita em duplas, escrita individual, leitura compartilhada, leitura de poemas, leitura de contos. Além disso, é necessário que você leia para os alunos, escute as leituras realizadas por estes (documente as leituras através de gravação em áudio), visite a biblioteca da escola juntamente com a turma pelo menos duas vezes por semana e explore diversos gêneros textuais, a partir da proposição de projetos didáticos que tenham significado para as crianças.

Desta forma, você estará procurando demonstrar que gêneros diferentes possuem finalidades comunicativas diversas e que conhecer estas especificidades pode levar a turma a usar a língua de acordo com os destinatários previstos e os contextos adequados. Trata-se de ultrapassar os muros da escola, como propõe Lerner (2002), evidenciando, através das atividades desenvolvidas em aula por meio dos projetos, que a língua materna tem propósitos definidos e é utilizada como meio de comunicação entre as pessoas.

A leitura e a escrita são práticas que precisam ser desenvolvidas de modo a qualificar as aulas de língua materna. Para obter bons resultados, você precisa acreditar e ter segurança na sua metodologia de trabalho, além de estar sempre bem preparada e informada. Neste sentido, é necessário que você trabalhe com textos diversificados, trazendo o cotidiano para a sala de aula.

Você deve estar pensando nesse momento: Como posso trazer o cotidiano para a sala de aula? Existem muitas possibilidades que iremos explorar no decorrer do livro, porém já podemos adiantar alguns exemplos. Partilhe com as crianças, ao iniciar a aula, uma notícia que você leu no jornal. Leve o jornal, leia para as crianças e comente com as mesmas. Socialize um trecho de um livro que você está lendo. Mostre o livro, fale sobre o autor, sobre a narrativa do texto. Desperte nas crianças o desejo de serem leitoras. Lembre sempre que você é um modelo importante de leitor e também pode ser considerada a parceira mais experiente das crianças em sala de aula. Muitas são as atividades que podem ser desenvolvidas em relação à leitura e escrita considerando também a interação entre colegas, tais como teatros, relatos de situações vivenciadas, contação de histórias, escrita de textos dos mais diversos gêneros, escrita e apresentação oral de fôlderes, propagandas, elaboração de jornal escrito, oral, digital, gravação de radionovela, apresentação de teatro de fantoches, de sombras etc.

Para que a leitura e a escrita sejam trabalhadas de forma produtiva e incentivem todos no processo de busca pela compreensão das suas funções e usos sociais, é fundamental partir de situações de interesse dos alunos: valer-se de passeios, acontecimentos do cotidiano (entrada na escola, aula de Educação Física, recreio), programas de televisão assistidos por eles em casa.

Além disso, é possível trabalhar com leitura e escrita contando histórias a seus alunos, pedindo para que eles mesmos contem, escolham livros que gostariam de ler, escrevam e leiam suas próprias histórias, compartilhem com a turma uma novidade, algo que lhes aconteceu. Assim, ao relatar fatos, os alunos aprendem também a criar narrativas do mundo, dos outros e de si mesmos. Como diz Larrosa (2008), nós, seres humanos, somos constituídos por narrativas, pelas histórias que contamos e que nos contam. Tomando como premissa o argumento do autor, é importante que a sua sala de aula seja um espaço de produção de narrativas, onde as crianças sintam-se à vontade para produzirem e partilharem histórias.

Nesse sentido, pensando nos modos de narrar o mundo, o trabalho com literatura possibilita à criança se (re)conhecer, se questionar, entrar em diálogo com o outro, sendo uma grande aliada em sua prática docente. Essa experiência com a linguagem pode suscitar reflexões para além da superfície do texto. Assim como na Língua Portuguesa, a matéria-prima da Literatura é a palavra, pois nela se realiza um trabalho artesanal com a língua, muito importante de ser explorado desde os primeiros anos da escolarização.

Para compreender os motivos que podem nos levar a aliar, unir, imbricar Língua Portuguesa e Literatura em uma mesma aula, é preciso ter clareza que, ao privilegiá-las simultaneamente, estamos valorizando o mesmo objeto, isto é, o uso da linguagem. Sendo assim, ao trazer a literatura para o centro da discussão do ensino de língua materna, assumimos que "[...] não apenas a linguagem é matéria-prima a partir da qual a literatura é constituída, mas a literatura é, entre os diferentes usos da língua portuguesa, aquele mais vinculado à produção de um conhecimento de si e do mundo especificamente fundado no fenômeno da língua [...]" (RIO GRANDE DO SUL, 2009, p. 53). Pensá-las como unidade é compreender que o texto é a base do ensino de Língua Portuguesa e é por meio dele que a criança interage com o outro, tem acesso a outros contextos e pontos de vista e reinterpreta as relações presentes no seu cotidiano.

As aulas de língua materna, na sua totalidade, querem formar leitores e têm a literatura como leitura privilegiada, ainda que não exclusiva. Um ensino significativo de língua portuguesa, então, orienta seu trabalho pela leitura e escrita de textos literários, mas também de diferentes gêneros textuais, bem como pela reflexão sobre o sistema de escrita, avançando nos anos iniciais a partir dos conhecimentos prévios das crianças, e sempre em busca de ampliação. Ampliar as aprendizagens das crianças sobre a língua e suas diferentes linguagens significa também pensar o alargamento dos conceitos de leitura e de escrita para além de concepções restritas sobre suas funções. Ler não é apenas decodificar, e escrever não é copiar do quadro ou unir sílabas, conforme veremos a seguir. Nesta direção, você, professora, já tem realizado um belo trabalho em sala de aula, que com a leitura da presente obra se tornará ainda mais qualificado e envolvente. Partilhamos com você do desejo de aprimorar cada vez mais as práticas pedagógicas em sala de aula, tendo em vista a formação de leitores e produtores de textos competentes.

Nesta perspectiva a leitura e a escrita tornam-se fatores imprescindíveis ao bom desenvolvimento cognitivo dos seus estudantes, à formação de seres participativos, pensantes e capazes de questionar e intervir criticamente na sociedade.

Ainda que a leitura e a escrita sejam processos interdependentes, complementares e indissociáveis, em virtude de suas especificidades e por uma questão metodológica, optamos por apresentá-las separadamente.

2.2 A leitura como interrogação de textos

Diariamente somos interpelados por imagens historicamente veiculadas em diferentes artefatos culturais que nos levam a ter uma representação do que seja ler, da função da leitura em nossas vidas. A leitura está em todos os lugares, tanto em forma de símbolos, imagens, quanto na escrita propriamente dita. Lemos os cartazes na rua, os e-mails, as contas que temos que pagar, as propagandas das lojas, as placas de sinalização de trânsito, os livros, as revistas, os jornais, os fôlderes, os *outdoors*, as propagandas, as peças publicitárias, entre outros tantos artefatos que fazem parte de nosso cotidiano diário.

Compreendemos que, diante da interação diária que temos com essa variedade de gêneros, somos todos leitores. Sabendo que a leitura está em todas as partes, cabe a você determinar de que maneira essa leitura vai acontecer em sua sala de aula. Você já pensou em como a leitura entra em sua sala de aula? Como são as propostas de leitura que você realiza? Qual é a frequência dos momentos de leitura? Existem momentos de leitura, ou as crianças podem livremente ler os livros da biblioteca da sala de aula? De que modo ocorre a interação entre você e as crianças e entre elas e seus pares durante as leituras realizadas? Existem sessões de leitura compartilhada? Existem momentos de leitura individual? Qual é o material de leitura? Quem define o material de leitura? Existe uma biblioteca na sala de aula? Quais são os materiais da biblioteca? São oportunizados momentos em sala de aula para as crianças partilharem suas leituras? Como ocorrem tais momentos? Tais questões servem como catalisadoras de reflexões. Elas não têm o intuito de avaliar o seu trabalho, mas de mostrar o quanto o planejamento de práticas de leitura em sala de aula envolve reflexão e planejamento constante, pois muitos são os desafios na formação de leitores.

Você poderá fazer com que seus alunos tomem o gosto pela leitura e escrita se for uma leitora assídua na sala de aula. Faça seus alunos gostarem da leitura lendo para eles ou até mesmo levando-os a lerem individualmente ou para algum colega. Possibilite momentos diários de leitura em sala de aula, partilhe leituras, socialize trechos de obras de literatura infantil, indique livros que estão na biblioteca e provoque as crianças para fazerem o mesmo com os seus colegas. Ler deve ser uma prática cotidiana e significativa em sua sala de aula. Embora saibamos da importância de sistematizarmos através do planejamento de nossas práticas cotidianas, momentos específicos para abordar determinados conteúdos são importantes para que a leitura torne-se um vetor das propostas realizadas em sala de aula, já que a mesma é totalmente interdisciplinar e faz parte do nosso cotidiano desde que acordamos pela manhã. Outro exemplo interessante de formação de leitores e de promoção da leitura na escola é o de montar grupos itinerantes de contadores de histórias, de realizar a parada da leitura e o que denominamos como *partilhando leituras*. O que isso significa?

Os contadores de histórias são grupos de alunos, uma espécie de "confraria" orientada por você, que planeja e produz materiais para realização de momentos de leituras para as demais turmas da escola e também comunidade externa (asilos, entidades assistenciais, escolas de Educação Infantil etc.). O grupo de contadores de histórias também pode ter uma versão envolvendo professores e funcionários da escola. Os grupos podem desenvolver atividades conjuntas e também paralelas, envolvendo o público da escola e a comunidade externa.

A parada da leitura é um momento semanal em que toda a escola (professores, gestores e funcionários) param durante 30 minutos para realizarem uma leitura de sua preferência. Você pode fazer pensar na divulgação da parada da leitura juntamente com a sua turma. Previamente as crianças divididas em equipes podem passar por todos os setores da escola divulgando a parada de leitura, realizando levantamento dos interesses de leitura do pessoal da escola e orientando como será a parada. É interessante que a parada de leitura tenha uma espécie de ritual. Pode ser tocado um sino, um tambor ou até mesmo uma música, anunciando que é o momento de todos os indivíduos da escola pararem para ler. Também é importante que você e sua turma organizem caixas com materiais de leitura, para serem distribuídos aos funcionários e professores que não tiverem lembrado de trazer o seu material de leitura.

O *partilhando leituras* é uma proposta que pode ser desenvolvida quinzenalmente na biblioteca da escola. É o momento em que uma equipe de alunos da sua turma partilha a leitura de um livro de literatura infantil (que esteja disponível na biblioteca da escola, ou que possa ser emprestado posteriormente) com os colegas do mesmo ano escolar ou de outros anos. Esse momento envolve o planejamento prévio. É preciso definir a leitura que será realizada, os grupos de trabalho, o modo como será realizada a partilha com os colegas e a "propaganda do livro". Desse modo, é interessante que seja montado um mural na biblioteca com as propagandas dos livros partilhados. Além do partilhando leituras com as crianças, você também pode propor o mesmo trabalho para seus colegas professores e funcionários. O momento do *partilhando* pode ser uma reunião pedagógica ou até mesmo uma reunião com os pais. O importante é que crianças e adultos percebam que a leitura faz parte do universo escolar, assim como faz em suas vidas.

Como foi descrito através dos exemplos citados, há diversas formas de ler um texto escrito, seja de forma narrada por uma pessoa, escutada no CD ou assistida na televisão. Nesse sentido, é relevante que você também proponha trabalhos de leitura com a televisão em sala de aula, com a escrita e apresentação de comerciais, propagandas de produtos, telejornais, de jogos de videogame que proporcionem o envolvimento das crianças na compreensão e relação de significados entre textos. Lembre da leitura de artefatos culturais que circulam na rotina das crianças. Além de ler tais textos, as crianças também devem ser desafiadas a produzirem os mesmos (produção de vídeos, elaboração e apresentação de produtos), a realizarem releituras a partir de projetos que enfoquem os gêneros em questão.

Como vimos, a leitura é uma prática que envolve diferentes objetivos. Podemos ler um texto literário por diversão, um manual para aprender a montar um equipamento, uma lista para lembrar o que temos que comprar no supermercado, uma notícia para saber o que está acontecendo na nossa cidade. É importante trabalhar na aula de Língua Portuguesa essa variedade de finalidades para as quais realizamos uma leitura, para que, assim, as crianças percebam que diferentes textos atendem a funções sociais diferentes, ou seja, alguns textos serão os mais indicados em algumas situações, e não em outras. Se agruparmos todos os objetivos a que se propõe uma leitura, podemos classificá-los em dois grandes grupos:

Fruição: Os textos literários são os que melhor se enquadram nesta categoria. Ler pelo prazer de ler. Ler para compreender melhor a realidade. Ler para fugir da realidade. Ler para estar mais próximo de si e dos outros. Ler para tomar posse de outras formas de dizer. Ler para desfrutar de outros mundos, outras vidas, sensações outras. Podemos incluir nesta categoria também os textos humorísticos, os quais, através do incentivo ao riso, nos conduzem a momentos de reflexão sobre o mundo e/ou simplesmente descontração.

Informação: Esta seria a categoria na qual podemos incluir todos os demais tipos de textos: textos jornalísticos, científicos, instrucionais, publicitários. Através da leitura destes textos, adquirimos diferentes informações. Podemos usar a leitura para descobrir um endereço, um preço, o significado de uma palavra, as vantagens de um produto, as características de um país, o modo de funcionar de um aparelho doméstico. Enfim, a leitura realizada na busca de informação serve para apre(e)nder, para estudar, para questionar, para persuadir, para (se) localizar. O papel da professora em sala de aula é disponibilizar gêneros textuais que sirvam a todos estes fins e ensinar os alunos a realizar uma leitura crítica e seletiva destes milhares de informações colocadas em circulação todos os dias.

Salientamos que, ao desfrutar da leitura de um texto, podemos, ao mesmo tempo, estar adquirindo informações, ou vice-versa, já que os gêneros textuais mesclam diferentes usos e funções sociais da linguagem.

Neste sentido, Lerner (2002) afirma que a leitura deve atender diversos usos e objetivos sociais conhecidos e valorizados pelas crianças na sua vida cotidiana, para, a partir disso, avançar na ampliação do conhecimento da turma. Como foi apresentado, a leitura não se realiza somente através de livros. Os textos que circulam fora da escola, em diferentes suportes textuais, estão sendo lidos constantemente pelas crianças, e os objetivos destas leituras devem ser incorporados à rotina da sala de aula.

2.3 A produção de textos como processo de escrita e reescrita

A produção de textos deve fazer parte de situações reais de interlocução, nas quais os textos precisam ter destinatários concretos, que possam se interessar pela produção dos alunos (o que decorre de escolha de temas que façam sentido na comunidade).

O que se entende por texto há muito transbordou os limites das páginas dos livros e da esfera escolar, alcançando dimensões que transitam desde imagens até expressões faciais. **Texto**, neste sentido, tem seus significados ampliados, podendo ser denominado como toda forma de interação que, vivenciada entre interlocutores, tenha como objetivo transmitir uma mensagem, **produzir sentidos**.

A produção de textos não se dá no vazio. Os modelos textuais contribuem para que a criança compreenda como deve ser construído o seu próprio texto, que não é trabalhado somente numa dimensão discursiva, mas inclui a análise de sua linguagem e de seus elementos estruturantes. Essa aprendizagem é imprescindível para a formação de um escritor que busca, também através da análise do seu próprio texto, estabelecer um diálogo com um interlocutor real.

A escrita é a competência mais privilegiada na escola. A produção de textos escritos é uma prática de linguagem e, como tal, uma prática social. Escrever um texto é uma atividade que nunca é a mesma nas diferentes circunstâncias em que ocorre. A produção textual (textos orais e escritos) está intimamente relacionada às **circunstâncias comunicativas**, ou seja, aos **contextos diversos de produção**.

A produção textual, entendida como processo de escrita e de reescrita, é parte integrante do que um escritor competente deve compreender como ato de escrever, bem como a revisão é parte constituinte da produção textual. Essa experiência de reescrita do próprio texto é uma das melhores oportunidades de aliar, numa única atividade, três eixos fundamentais para o ensino da Língua Portuguesa: a leitura, a produção e a análise linguística, e, por consequência, de proporcionar aos alunos que ocupem também três diferentes posições no processo comunicativo: a de leitor, a de autor e a de revisor. Conseguir olhar para o próprio texto com criticidade suficiente para corrigir, revisar e reescrever não é fácil, pois pressupõe lançar outro olhar para a própria produção, compreendendo que o texto é parte de um processo, é permeável ao retorno, ao desfazer, ao provisório. Para isso, os trabalhos de elaboração, análise e reescrita coletivas de textos podem contribuir muito.

Além da necessidade de um olhar desconfiado para o próprio texto, o que pressupõe certo distanciamento das próprias palavras, também é importante que haja distanciamento temporal da escrita, ou seja, que a primeira versão do texto do aluno só seja avaliada por ele depois de algum tempo (no mínimo um dia depois de escrito), pois, assim, poderá ser lançado um novo olhar para a escrita, que, imediatamente após a sua construção, pode parecer excessivamente familiar. Em outras palavras, o texto precisa "descansar" para tornar possível um novo olhar sobre ele, algum estranhamento.

Outro recurso interessante é a leitura em voz alta do próprio texto para os colegas. É comum a criança se dar conta de alguns problemas ao expor a sua produção, mas, para isso, o ambiente de companheirismo e de respeito precisa estar instaurado na turma, através de um trabalho diário de sensibilização das crianças para realização de tal tarefa. A professora, como modelo de leitora, deve disponibilizar diferentes textos para os escritores iniciantes.

Essa prática cotidiana, no grande grupo, permite que as crianças "se vejam" nos problemas e acertos dos colegas, instaura um clima de respeito e de responsabilidade em relação ao texto produzido pelos colegas, pela turma.

Assim, é desejável que, a partir de um clima propício para a aprendizagem e de orientações claras, as crianças sejam incentivadas também a ler e a analisar os textos de colegas escolhidos por elas próprias, já que este exercício de revisar o texto do outro contribui para o desenvolvimento de um olhar mais atento e crítico para suas próximas escritas.

De acordo com o proposto pelos Parâmetros Curriculares Nacionais (PCNs) para o ensino de Língua Portuguesa e Literatura nos 1º e 2º ciclos do Ensino Fundamental (BRASIL, 1997), ao propor um trabalho de revisão textual em que esteja implícita a necessidade de realização de uma análise linguística como forma de aprimoramento do próprio texto, a professora deve selecionar em quais aspectos deseja que os alunos se concentrem de cada vez, pois não é possível tratar com qualidade todos ao mesmo tempo. Sendo assim, é possível solicitar que, numa tarde, a turma observe questões referentes à acentuação, em outra, atente à pontuação, em outra, à ortografia.

Além de aprofundar os conhecimentos já construídos anteriormente, no ciclo da alfabetização, tanto em relação à qualidade das produções textuais quanto em relação à eficiência da leitura compreensiva e da interpretação significativa de diferentes gêneros textuais (ambas com foco no *o que* escrever e no *o que* está escrito), também é desejável (sendo, muitas vezes, entendido como o principal objetivo do ensino de Língua Portuguesa e Literatura nesta etapa escolar) que, ao frequentar os anos iniciais do Ensino Fundamental, a criança amplie seus conhecimentos em relação à escrita alfabética, especialmente em relação às convenções ortográficas (cujo foco se desloca do *o que* escrever para o *como* escrever). Após um período de três anos (ciclo da alfabetização) em que deveriam ser incentivadas a pensar no que desejam escrever, é importante agora dar uma atenção especial para os aspectos ortográficos da escrita.

Excluídas aqui as discussões sobre ditados e outras estratégias de sistematização do ensino da ortografia, o que ocorre é que, frequentemente, dependendo da forma como é orientado o trabalho de produção textual, o excesso de zelo com a escrita e a exaustiva higienização do texto levam as crianças a deixarem de se preocupar com o **conteúdo** a ser desenvolvido (*o que* escrever) e a privilegiarem a **forma** como será apresentado o conteúdo (o *como* escrever). Escrever é forma e conteúdo. Não há como tratar de um bom conteúdo sem uma boa forma, nem uma boa forma sem conteúdo vale para alguma coisa.

Um trabalho significativo pode ser realizado através de atividades que desenvolvam a reflexão sobre as convenções ortográficas, levando as crianças a construírem determinadas regras e a memorizar, de maneira lúdica e significativa, irregularidades, ou seja, o que não for definido por normas. Afinal, desse modo, desde o início do processo de alfabetização, elas aprendem a escrever escrevendo e pensando sobre a escrita.

O interesse por escrever corretamente pode surgir da proposição de situações didáticas bem-elaboradas e coerentes que despertem a necessidade de um aluno se fazer compreender por outro. Isso pode ser colocado em ação a partir de propostas, como a troca de cartas entre estudantes de turmas, idades, escolas ou cidades diferentes. Para isso, o trabalho deve considerar atos de escrita que estejam diretamente relacionados com situações comunicativas reais, tais como a construção de folhetos informativos, a elaboração de convites, a exposição de cartazes, ou seja, atividades que envolvam leitores verdadeiros e para as quais os alunos tenham razões (e encontrem sentido) para escrever.

Além disso, é possível propor a atividade do ditado à professora, na qual o aluno pode contar um fato e, no momento de recontá-lo, a professora escreve no quadro exatamente como o aluno está ditando. Num segundo momento, a professora fará a leitura do fato descrito para que as crianças percebam o excesso de repetições de nomes, de lugares, de conectores da linguagem oral que se repetem. Assim, os alunos percebem que a escrita possui especificidades distintas da fala (ROCCO, 1996). Neste momento, será preciso realizar alterações no relato escrito, produzindo-o com troca de ideias com a turma. Para isso, a professora deve ter o domínio de conceitos que são necessários para a escrita de um texto, tais como aspectos de coesão e coerência. Essa atividade do ditado à professora proporciona o trabalho com o pensamento narrativo dos alunos e a organização de histórias com progressão textual. Além disso, constitui um excelente exercício para incentivar a leitura e a escrita, porque é um texto que faz sentido para o estudante.

Outro fator relevante para o aprimoramento das práticas de escrita e de reescrita de textos é o trabalho com rascunhos produzidos pelos próprios alunos, já que, através da atenta leitura destes pré-textos, é possível ter acesso às etapas do processo de produção textual. Por isso, destaca-se a importância de estudar vários rascunhos para obter um produto final, pois, a partir da análise dos mesmos, é possível ter conhecimento das regras utilizadas na refacção dos textos escritos.

Resumindo: escrever só se torna uma atividade social se, ao escrever, o sujeito compreender que, além de atentar para o conteúdo e para a forma da escrita, ele precisa ter um objetivo a ser atingido (*por que* escrever?) e um destinatário-interlocutor real para o seu texto (*para quem* escrever?), pois "ensinar a escrever textos torna-se uma tarefa muito difícil fora do convívio com textos verdadeiros, com leitores e escritores verdadeiros e com situações de comunicação que os tornem necessários" (BRASIL, 1997, p. 34).

2.4 Os gêneros textuais

Os gêneros textuais são grupos de textos que podem ser classificados de acordo com algumas características comuns, tais como estrutura, conteúdo e função social.

Os diferentes gêneros textuais que circulam nas salas de aula desempenham papéis diversificados no ensino e na aprendizagem da língua portuguesa e podem também servir aos propósitos didáticos da disciplina. No entanto, para além disso, eles colaboram para constituírem repertório modelar das características e funções que prevalecem nas práticas sociais em que são utilizados. Para que sejam construídas aprendizagens e para que as crianças se sintam capazes de criar textos de gêneros diversos é preciso que estejam em contato diário com estes materiais em atividades significativas e que busquem, ao máximo, uma aproximação com situações reais de participação social, já que todo texto está inscrito em um contexto sócio-histórico.

Abaixo apresentamos alguns dos gêneros textuais que podemos encontrar no nosso dia a dia e que podem ser utilizados nas aulas de língua materna como repertório de ampliação dos conhecimentos das crianças sobre leitura e escrita.

ANÚNCIOS

CONVITES

ATAS

AVISOS

PROGRAMAS DE AUDITÓRIO

BULAS

CARTAS PESSOAIS

CARTAS COMERCIAIS

CONTOS DE FADAS

FÁBULAS

CRÔNICAS

EDITORIAIS

CARTAS DO LEITOR

EMENTAS

ENSAIOS

ENTREVISTAS

CIRCULARES

CONTRATOS

DECRETOS

DISCURSOS POLÍTICOS

HISTÓRIAS EM QUADRINHO

MANUAIS DE INSTRUÇÕES

LETRAS DE MÚSICA

LEIS

MENSAGENS

NOTÍCIAS

BILHETES

CHARGES

RESUMOS

RESENHAS

CONTOS

E-MAILS

POEMAS

PARECERES DESCRITIVOS

CONVERSAS ESPONTÂNEAS

TELEFONEMAS

ENTREVISTAS

SERMÕES

AULAS EXPOSITIVAS

REUNIÕES DE CONDOMÍNIO

HORÓSCOPOS

LISTAS DE COMPRAS

CARDÁPIOS

INQUÉRITOS POLICIAIS

CONFERÊNCIAS

BATE-PAPOS VIRTUAIS

PREFÁCIOS DE LIVROS

TELEGRAMAS

CONSULTAS MÉDICAS

BENZEÇÕES DE CURANDEIRAS

NOVELAS DE TV

NOTICIÁRIOS DE TV

TEXTOS CIENTÍFICOS

REPORTAGENS

SEMINÁRIOS

NOTÍCIAS

PROPAGANDAS TELEVISIVAS

PALESTRAS

DEPOIMENTOS

TEXTOS TEATRAIS

RELATÓRIOS

FORMULÁRIOS

DIÁRIOS

BLOGS

REGRAS DE JOGO

CURRÍCULOS

ROTEIROS DE VIAGEM

SINOPSES

LENDAS

TESTAMENTOS

BIOGRAFIAS

QUESTIONÁRIOS

Todos estes gêneros textuais e muitos outros fazem parte do conjunto de textos que circulam diariamente em nossa cultura letrada. Por essa razão, seria ingênuo pensar que as crianças só têm acesso a textos nos espaços escolares. Se a professora considerar a riqueza de textos com os quais as crianças já possuem contato fora da escola (e no quadro acima foram apresentados muitos deles), o seu trabalho com leitura e escrita poderá ter como foco a exploração dos usos e das funções sociais destes textos a partir de atividades que desenvolvam as práticas de ler e escrever tais como elas são exercidas nos espaços sociais frequentados pelos seus alunos.

De acordo com Kaufman e Rodríguez (1995), os textos manifestam diferentes intenções comunicativas. Neste sentido, poderíamos agrupar os gêneros textuais em tipologias textuais, as quais podem ser pensadas a partir de certos traços comuns a determinados grupos de gêneros. Estas categorias ou tipologias, suas principais características e alguns de seus gêneros constituintes podem ser encontrados no quadro abaixo:

TIPOLOGIA TEXTUAL		
Categorias	**Caracterização**	**Gêneros**
Textos literários	Privilegia-se a intencionalidade estética.	Contos Poemas Novelas Obras teatrais Crônicas
Textos jornalísticos	Considera-se o portador textual (jornais, revistas).	Notícias Reportagens Entrevistas Editoriais Artigos de opinião

TIPOLOGIA TEXTUAL		
Textos de informação científica	Privilegia-se a área de conhecimento – as ciências – na qual se encontram seus conteúdos.	Definição Verbete de dicionário Nota de enciclopédia Relato de experimento científico Relato histórico Artigos científicos
Textos instrucionais	Considera-se predominante a intenção manifesta de organizar tarefas e atividades.	Bulas Receitas Manuais Guias turísticos
Textos epistolares	Destacam, em primeiro plano, o portador e a identificação precisa do receptor.	Carta pessoal Solicitação Ofícios Circulares
Textos humorísticos	Caracteriza-se pela tentativa de provocar o riso.	História em quadrinhos Cartuns Charges Piadas
Textos publicitários	Coloca-se primordialmente em cena a função apelativa da linguagem, ou seja, aquela que busca convencer alguém a fazer algo.	Aviso Folheto Cartaz Propagandas Peças publicitárias

Adaptado de Kaufman e Rodríguez, 1995.

Observação: A classificação de um gênero textual em uma das tipologias textuais acima apresentadas não deve seguir critérios estanques e homogêneos, uma vez que um mesmo texto pode apresentar características híbridas. Exemplo disso é uma crônica (texto literário), que, por buscar provocar o riso, pode também ser classificada como texto humorístico.

Os gêneros textuais citados neste capítulo devem ser observados com atenção pela professora, pois muitos deles são de fácil acesso, e outros nem tanto. Por essa razão, a escolha da professora deve considerar a frequência da circulação de determinados gêneros no contexto de vida de seus alunos. Por outro lado, é preciso ampliar o repertório de gêneros conhecido pelas crianças, o que deve motivar a docente a propiciar o acesso a alguns gêneros que não sejam do convívio delas, mas que possam contribuir para o enriquecimento da sua bagagem cultural, bem como permitir-lhes o acesso a diferentes espaços públicos e a novas situações comunicativas.

A relevância do trabalho com gêneros textuais, desde a escolarização inicial, articulada a projetos de leitura e escrita que sejam significativos para os alunos e que tenham claro o propósito comunicativo, para muitas professoras já não se apresenta como uma novidade. Os Parâmetros Curriculares Nacionais de Língua Portuguesa, desde 1997, já apontam que a escola é um espaço privilegiado para o estudo da variedade de gêneros (de realização oral e escrita) circulantes no meio social, devendo-se trabalhar os mesmos, através de atividades de leitura e produção de textos, como forma de ampliar o repertório discursivo das crianças.

Os gêneros textuais estão relacionados diretamente com as situações que ocorrem no cotidiano, pelo fato de terem características reconhecidas, que possibilitam a comunicação entre as pessoas. Em outras palavras, eles funcionam como estratégias de organização das atividades comunicativas, caracterizando-se como eventos sociais flexíveis e extremamente dinâmicos, que decorrem das demandas sociais e culturais.

Para que a criança desenvolva a competência no uso da língua materna em práticas sociais desde a escolarização inicial, é importante que seja desenvolvido de modo intencional e sistemático na escola o trabalho com gêneros. Corroborando com tais colocações, Marcuschi (2002) afirma que os gêneros textuais podem ser entendidos como fenômenos históricos que se relacionam de modo imanente à vida das pessoas. Por serem decorrentes de um trabalho coletivo, os gêneros textuais, segundo o referido autor, organizam as atividades comunicativas.

Pelo fato das situações de comunicação serem alteradas constantemente, uma pessoa utiliza vários gêneros em um único dia. Tal utilização de um número variado de gêneros ocorre pelo fato da pessoa mudar de lugar social nas diferentes situações de produção da linguagem. Por essa razão, cada vez que nos expressamos por meio da linguagem, estamos fazendo um trabalho social e discursivo.

O ensino da língua materna em tal perspectiva interacionista de linguagem pressupõe que a mesma seja considerada como prática social. Isso significa que as propostas desenvolvidas na escola devem se aproximar ao máximo daquelas realizadas na sociedade, já que a interação verbal é entendida como espaço de produção da linguagem e de sujeitos que nesse processo se constituem.

Os textos que circulam fora do contexto escolar devem ser trabalhados em sala de aula a partir de propostas que tenham propósito comunicativo real. Elaborar um cartaz para sistematização e divulgação dos dados levantados em uma pesquisa, escrever coletivamente um comunicado aos pais solicitando materiais para um projeto que está em andamento, escrever e-mails para os colegas da turma compartilhando informações sobre o trabalho que está sendo realizado em grupo, organizar o material para o mural da sala de aula, produzir um livro digital de poesias no laboratório de informática com produções de autoria da turma, elaborar uma apresentação em

PowerPoint relatando a documentação de uma saída de estudos, elaborar coletivamente um jornal escolar com notícias dos acontecimentos marcantes que ocorreram nas turmas, planejar a divulgação de um leilão dos trabalhos produzidos nas aulas de artes visuais, realizar a leitura de poemas em um sarau para comunidade escolar, entre outras situações que poderiam ser citadas, são alguns exemplos dos modos como os gêneros textuais podem ser abordados de modo significativo no contexto da sala de aula. Por essa razão, de acordo com Cavalcanti (2010), produzir um texto significa, portanto, não apenas escolher o que dizer, mas selecionar o modo de dizer levando em conta o para quê se escreve e para quem se escreve. O objetivo é o de aproximar o máximo possível o que se produz na escola daquilo que circula fora dela, eliminando de vez as práticas artificiais de escrita.

O que deve ficar claro é que as produções citadas adquirem um caráter mais produtivo quando estão vinculadas a projetos de trabalho, nos quais existam um propósito didático e um propósito comunicativo, previstos no planejamento da professora, que serão efetivados mediante a culminância do trabalho proposto aos alunos. Não basta apenas realizar uma série de atividades desconexas com os gêneros textuais, é preciso que ocorra a seleção de determinado gênero, o planejamento das etapas, a construção de um ambiente propício em sala de aula e a documentação do processo para autoavaliação docente e a reflexão a respeito dos processos de aprendizagem da turma, como veremos no próximo capítulo. Nesse caso, a professora não considera apenas os aspectos formais dos textos escritos – comunicados aos pais, cartazes, e-mails, texto jornalístico, fôlderes de divulgação do leilão etc. –, mas proporciona o uso efetivo dos mesmos por parte das crianças, abrindo-lhes a oportunidade de se desenvolverem como praticantes da leitura e da escrita. O trabalho em tal perspectiva é desenvolvido sobre as condições de produção do texto proposto. A professora define com os alunos os objetivos da produção, o leitor destinatário, o contexto de circulação e o suporte (o texto fará parte de um livro, de uma revista, de um CD, de um cartaz, de um fôlder etc.). Tal definição é de fundamental importância, uma vez que os textos não se dissociam das esferas sociais nas quais circulam, mas refletem as condições e finalidades de cada uma dessas esferas.

A partir de tais colocações, pode-se afirmar que é o funcionamento da língua que se analisa nos textos produzidos pelos alunos, e não o uso dos mesmos como motivo para o desenvolvimento de atividades gramaticais estéreis. As propostas de leitura e produção textual, nesse caso, não são eventos passageiros, atividades que devem iniciar e terminar no mesmo turno de aula, mas situações reais articuladas a projetos significativos que envolvem o planejamento, a textualização e a revisão dos textos, sempre levando em consideração um leitor real a quem se destinam as produções que estão sendo desenvolvidas no âmbito de um determinado projeto. Por essa razão, cabe dizer que é através do trabalho com os gêneros textuais que os alunos começam a perceber as características que são marcantes em cada texto e ampliam o próprio potencial comunicativo nos âmbitos da leitura, escrita e oralidade.

Para os autores Schneuwly e Dolz (2004), é por meio dos textos que o ensino de língua materna deve ser pautado, por isso sugerem o trabalho através do uso efetivo de diferentes gêneros textuais orais e escritos pelas crianças. O trabalho com gêneros, conforme os referidos autores, promove a aprendizagem da escuta, da leitura e da escrita com intenção comunicativa.

Pelo fato dos gêneros apresentarem funções específicas, o trabalho com os mesmos em sala de aula oportuniza que os alunos exercitem situações reais de comunicação. Por esse motivo, é importante trabalhar com gêneros que circulam nas práticas sociais dos alunos, como carta, bilhete, notícia, e-mail, texto de opinião, horóscopo, receita culinária, convite, bula de remédio, lista de compras, piadas, poemas etc. Tais textos, orais ou escritos, variam em função de objetivos que definem a sua organização, estrutura e estilo. Através de um trabalho sistemático com tais gêneros, a professora tem a possibilidade de entender a realidade linguística dos alunos, de favorecer o processo de interação com a língua escrita a partir de sua mediação e de propiciar o processo interlocutivo em sala de aula, já que os alunos têm a oportunidade de expressarem suas lógicas a respeito dos textos que estão sendo escritos.

O ensino da língua em tal perspectiva torna-se muito produtivo, pois possibilita que os alunos desenvolvam conhecimentos linguísticos, uma vez que eles experimentam e refletem sobre textos significativos que têm um modo de endereçamento real. Escreve-se para comunicar algo a alguém, por meio de propostas que fazem parte das demandas de projetos de leitura e escrita, no qual os alunos protagonizam o primeiro plano da cena pedagógica.

Entendida a importância e os objetivos do trabalho com gêneros textuais, torna-se primordial enfocar os critérios que devem ser levados em consideração pelas professoras para seleção dos mesmos. Drey e Silveira (2010) destacam que, na seleção de gêneros textuais, devem ser privilegiados dois aspectos: a) a frequência de uso dos gêneros; b) as exigências que habitualmente se fazem aos indivíduos na sociedade. Conforme apontam as referidas autoras, se deve levar em consideração a presença dos gêneros no contexto social mais amplo, sua menor complexidade, maior acessibilidade e relevância do seu domínio para inclusão social e exercício da cidadania.

Em tal perspectiva, é importante que o trabalho com gêneros textuais esteja articulado a projetos que ultrapassem a esfera escolar, contribuindo de modo efetivo com o desenvolvimento dos comportamentos leitores e escritores das crianças. Tais comportamentos leitores e escritores, conforme Lerner (2002), são desenvolvidos a partir da proposição de práticas de leitura e escrita de diferentes gêneros no contexto escolar, mediante a proposição e operacionalização de projetos nos quais as crianças estejam realmente envolvidas em todo o processo. É por meio dos projetos de leitura e escrita envolvendo variados gêneros textuais na escola (de acordo com as seleções realizadas pela professora) que ocorre a ampliação da competência comunicativa das crianças. Como cada um dos vários gêneros apresenta suas próprias peculiaridades em termos de forma, conteúdo e destinatário, todos os seus aspectos devem ser aprendidos mediante propostas que desenvolvam as capacidades de linguagem dos aprendizes. Em suma, devem ser contempladas formas variadas de leitura que possibilitem as antecipações, as inferências e explorações de recursos expressivos pelas crianças e a escrita através de propostas dialógicas e cooperativas nas quais os alunos sintam-se desafiados a escrever para interlocutores reais.

Como percebemos, os diferentes gêneros textuais que circulam nas salas de aula desempenham papéis diversificados no ensino e na aprendizagem da língua portuguesa e podem também servir aos propósitos didáticos da disciplina. No entanto, para além disso, eles colaboram para constituírem repertório modelar das características e funções que prevalecem nas práticas sociais em que são utilizados. Para que sejam construídas aprendizagens e para que as crianças se sintam capazes de criar textos de gêneros diversos é preciso que estejam em contato diário com estes materiais em atividades significativas e que busquem, ao máximo, uma aproximação com situações reais de participação social, já que todo texto está inscrito em um contexto sócio-histórico.

2.5 As interlocuções entre a criança contemporânea e os gêneros textuais

Como vimos, os textos que circulam fora da escola vêm se fazendo presentes, nas últimas décadas, nas salas de aula dos anos iniciais como uma tentativa de aproximar as práticas escolares e as práticas sociais de leitura e de escrita das crianças contemporâneas. Neste sentido, aprofunda-se o questionamento sobre a eficiência do uso dos livros que serviam para ensinar as primeiras letras, as consagradas cartilhas. Nessa lacuna é que entram em cena livros de literatura infantil e textos que circulam socialmente fora da escola.

Diante da multiplicidade de textos que circulam na contemporaneidade é difícil continuarmos a afirmar que as crianças precisam ir à escola para ter acesso à leitura e à escrita. A infância contemporânea é alfabetizada não mais somente pelos livros escolares, mas também pelos textos midiáticos, pelos *outdoors*, pelos panfletos, pelos livros de literatura infantil, pelos gibis, pelas redes sociais, pelos rótulos dos produtos que consomem. Conforme Carvalho e Ferreira (2004), são variados os artefatos com os quais as crianças relacionam-se na contemporaneidade, nos quais são veiculadas as mais diferenciadas linguagens (virtual, audiovisual, escrita, oral, gráfica, corporal, sinestésica, entre outras tantas que poderiam ser citadas). Não se trata mais de apenas ensinar a decifrar o código escrito, mas sim de levar as crianças a experimentarem diversificadas situações de leitura e escrita, a fim de que aprendam como funcionam os gêneros nas práticas de linguagem e de que as propostas da escola possam se aproximar cada vez mais das situações de comunicação vivenciadas na sociedade.

Tais artefatos não apenas comunicam, mas também atuam no processo de constituição das crianças enquanto sujeitos letrados. Enfim, sites, blogs, filmes, livros, brinquedos, músicas, jogos, revistas, programas de TV contribuem na formação das crianças, ensinando modos das mesmas conferirem significados a eventos, práticas, imagens, sons e pessoas com as quais convivem. Trabalhar nesta perspectiva pressupõe trazer para as suas aulas de Língua Portuguesa toda a multiplicidade de textos orais e escritos hoje existentes e considerar suas respectivas implicações na aprendizagem de nossas crianças. Sugerimos que devem ser planejadas pelas professoras situações nas quais a expressão escrita se apresente como demanda de uma necessidade de comunicação, de interação, em que os alunos tenham objetivos para escrever e leitores para quem destinar seus escritos. Neste sentido, os usos da leitura e escrita devem aproximar as práticas sociais – vivenciadas pelas crianças na sociedade – e as práticas escolares.

Isso implica refletir a respeito dos modos como as crianças constroem suas experiências através dos relacionamentos que estabelecem com seus pares (das leituras que realizam dos múltiplos artefatos que circulam em seus cotidianos), operando em termos de pontos de vista (opiniões, hipóteses, argumentações) e referências compartilhadas que elucidam a produção de suas culturas infantis (o que as crianças fazem, sentem, pensam e planejam). Essa reflexão pressupõe que as crianças sejam reconhecidas na escola como cidadãs de pleno direito para que realmente possam ser desenvolvidas práticas educativas que valorizem a produção de suas culturas e que, efetivamente, promovam a construção de conhecimentos de língua materna que sejam significativos pelas mesmas no contexto educacional.

A concepção contemporânea sobre a infância possibilita que as professoras percebam as crianças enquanto seres potentes, criativos e de relação desde o nascimento. Tal visão rompe com o entendimento moderno de criança natural e incompleta, como uma espécie de vir a ser. Desse modo, o protagonismo das crianças deve tornar-se o foco da sua ação educativa, subsidiado pelo entendimento de que não existe uma única infância vivida por toda e qualquer criança. A infância é uma categoria social do tipo geracional, e as crianças são agentes ativos do processo de socialização, nos ambientes e nas relações sociais em que estão inseridas.

Na esteira de tal discussão, é importante que você planeje práticas pedagógicas que rompam com a lógica adultocêntrica (centradas exclusivamente no ponto de vista do adulto), valorizando os argumentos das crianças e possibilitando que as mesmas manifestem-se enquanto interlocutoras ativas dos processos de ensino e de aprendizagem.

A participação das crianças em sala de aula pode ocorrer por meio de assembleias de planejamento de projetos de trabalho, de avaliação de atividades, de documentação pedagógica e de seminários de exposição de pesquisas e socialização de saberes. Além disso, é importante que, no cotidiano da sala de aula, também exista espaço para as manifestações das crianças, já que as mesmas devem ser consideradas como interlocutoras ativas do currículo escolar. Nessa caminhada, você e seus alunos podem ser considerados como parceiros de jornada, que aprendem e ensinam mutuamente, a partir da partilha de pontos de vista. Isso quer dizer que a socialização das crianças é vista, contemporaneamente, como um processo horizontal. Nesse caso, Corsaro (2011) é um representante importante dessa abordagem, pois, através de suas pesquisas, destaca que a socialização é um processo de apropriação, reinvenção e reprodução, através do qual as crianças produzem modos peculiares de representar e experienciar o mundo adulto, tornando-se o foco central do processo educativo.

Por essa via, a infância é compreendida como uma construção social, já que as mesmas, além de terem um modo ativo de ser e de habitar o mundo, atuam na criação de relações sociais, nos processos de aprendizagem e de produção de conhecimentos desde muito pequenas. Por essa razão, conforme o referido autor, é necessário atentarmos para o fato de que as crianças são agentes de sua própria ação e discurso, reconhecendo que as mesmas são capazes de participar com suas diferentes linguagens nas tomadas de decisões sobre temas que lhes dizem respeito, desde que haja espaço na sala de aula. As crianças não só reproduzem, mas produzem significações a respeito de sua própria vida e das possibilidades de construção de sua existência no mundo social. Portanto, a partir do momento que se observa os modos como as crianças produzem suas culturas, negociam e compartilham ideias a respeito das rotinas desenvolvidas em seus cotidianos institucionais, é possível refletir a respeito das práticas pedagógicas que são desenvolvidas com elas.

O desafio para os professores é o de que as crianças sejam vistas enquanto membros de uma classe social, que está situada histórica e culturalmente. Desse modo, você deve considerar as crianças como referências imprescindíveis para o planejamento de suas práticas, tomando como foco a investigação de suas produções (individuais e coletivas) e manifestações, mesmo que, muitas vezes, as mesmas sejam divergentes de suas posições. Tal ação possibilita conhecer as crianças enquanto grupo que se relaciona, cria sentidos e significados para o mundo, através do compartilhamento de interesses e ideias em um constante movimento interativo.

Por essa razão, reitera-se a necessidade de conhecer a ótica das crianças sobre a sociedade em que vivem, sobre os modos como entendem a função social dos conteúdos que estão sendo trabalhados em sala de aula, garantindo que as práticas pedagógicas desenvolvidas em sala de aula realmente configurem-se a partir de uma concepção de educação que possibilite a vivência de múltiplas experiências e a ampliação dos tempos e espaços de aprendizagem das crianças. Sem dúvida, os anos iniciais do Ensino Fundamental podem se tornar um espaço fecundo para o desenvolvimento de propostas de leitura e escrita, desde que sejam desenvolvidas práticas que efetivamente respeitem as crianças, seus conhecimentos prévios, suas vivências e oportunizem que as mesmas produzam culturas a partir do encontro cotidiano com seus pares – sejam estes adultos ou crianças.

2.6 O desafio da escola: constituir leitores e produtores de textos

Até bem pouco tempo nem todas as crianças tinham acesso à escola. Com a universalização do ensino e, atualmente, com diversas políticas públicas que pretendem dar acesso a crianças de classes sociais historicamente excluídas, tais como a implantação dos ciclos de aprendizagem, do Ensino Fundamental de nove anos, da progressão automática, da inclusão de crianças com necessidades especiais em escolas regulares, da escola de educação integral, as salas de aula adquirem novo perfil. Especialmente as escolas públicas agregam hoje, na mesma sala de aula, crianças de diferentes níveis econômicos e culturais, com linguagens, saberes e vivências que precisam ser respeitados e levados em consideração para que ocorram aprendizagens significativas. Propor práticas que envolvam o trabalho por meio de projetos de trabalho, conforme será abordado no próximo capítulo, torna-se uma estratégia importante para motivação e envolvimento das crianças com a língua materna.

Os esforços empreendidos pela escola para adaptar-se a esse novo cenário não são suficientes para garantir a qualidade do ensino. Muitas vezes, somos levados a confundir o que, de fato, acontece na escola, culpando exclusivamente as crianças, determinando que não aprendem porque possuem ritmos diferentes de aprendizagem (o que não é verdade, já que a velocidade da aprendizagem está relacionada diretamente à qualidade do contato prévio com materiais de leitura), que não aprendem por serem desinteressadas (neste sentido, o incentivo está em práticas de leitura e de escrita significativas, que considerem os conhecimentos prévios do aprendente), porque são dispersos, teimosos, indisciplinados. O importante é que você sempre faça o exercício de enxergar além de supostas caracterizações das crianças, pensando em propostas que realmente tornem as mesmas participantes do processo de aprendizagem.

Mas serão somente esses os motivos da não aprendizagem? Desmistificar esse discurso biológico-psicologizante e considerar as questões histórico-sociais envolvidas neste contexto é primordial para que você faça escolhas políticas e perceba que, também nas práticas pedagógicas desenvolvidas no ensino de língua materna e de literatura, poderá contribuir para a inclusão (ou a exclusão) dos novos alunos que chegam ao espaço escolar. É direito da criança e função da escola possibilitar a vivência de práticas de leitura e de escrita que a levem a participar ativa e criticamente de uma comunidade de leitores e de escritores, tornando-se não uma usuária, mas uma praticante da língua. Sabemos que você tem condições de qualificar ainda mais suas práticas, contribuindo efetivamente para que seus alunos tornem-se leitores e produtores de textos.

Esse é o desafio político atual da escola e da professora no que se refere à formação de leitores e de produtores de texto: dar voz e vez a todos os sujeitos que agora têm acesso a esse espaço, que precisam ser ouvidos, ser considerados, para que possam permanecer na escola e aprender. Ao entrar em contato com diversos materiais de leitura, que até então possivelmente não faziam parte de suas práticas domésticas de leitura, ou ao dialogarem com outras crianças, oriundas de famílias leitoras, poderão também desfrutar qualitativamente do tempo em que estão na escola, aprendendo muito mais.

Nesse sentido, você tem papel fundamental na construção da aprendizagem dos seus alunos. Na perspectiva do ensino de língua e literatura, você precisa criar condições para que todos leiam e compreendam a diversidade de textos que circulam socialmente, de modo a se autorizarem a dizer, criticar, pensar sobre fatos e opiniões que constituem estes textos. Como contribuir, então, para a formação de leitores e de escritores capazes de desfrutar da leitura e compreender o que leem? Se a escola assume para si (ou atribuem a ela) o papel de formar competentes leitores e produtores de textos, todos os gêneros textuais que existem fora da escola devem compor o cerne, o centro do trabalho de professores e alunos nas aulas de Língua Portuguesa dos anos iniciais do Ensino Fundamental, numa perspectiva que priorize e invista em práticas significativas de ler e de escrever que se aproximem o mais possível das experiências que existem fora da escola.

Diante das constantes mudanças de uma sociedade globalizada e de demandas cada vez mais complexas do mundo contemporâneo, é também desafio da escola agregar novos gêneros textuais aos seus espaços de ensino e de aprendizagem. Considerando a velocidade e a multiplicidade de textos que circulam, surgem e se reinventam a cada dia, cabe a ela priorizar o trabalho com textos que melhor atendam a seus objetivos. De quem? Mais uma vez, a professora estará convocada a fazer escolhas. Como? Ao excluir ou selecionar determinados tipos de texto, fará escolhas políticas: textos literários ou midiáticos? Informativos ou publicitários? Considerando que a leitura e a produção textual desenvolvem uma grande diversidade de competências e habilidades nos sujeitos e que apenas algumas poucas são potencializadas com o trabalho que vem sendo realizado em muitas escolas, saber priorizar o que cada uma é capaz de proporcionar, de ensinar, é uma tarefa que exige responsabilidade social pela formação dos futuros leitores.

Nesse sentido, fazemos mais uma proposta. Envolva-se com as práticas de leitura e escrita apresentadas até o momento e comece a experimentar as mesmas em sua sala de aula, pois, provavelmente, você irá perceber o envolvimento das crianças e o desenvolvimento cognitivo das mesmas. Compartilhe com seus colegas e planeje junto com as mesmas a transposição didática para as salas de aula de sua escola, tendo em vista o público atendido e a realidade de cada instituição. Acreditamos que as práticas citadas podem ser transpostas para diferentes universos institucionais, bastando que você e seu grupo de colegas aceitem o desafio de tornarem suas salas de aula cada vez mais receptivas a práticas que tenham como fio condutor a interação e o processo de construção de conhecimentos.

Vamos pensar no planejamento de práticas pedagógicas que levem em consideração os conhecimentos prévios e os pontos de vista das crianças? Vamos possibilitar, através das práticas de leitura e escrita nos anos iniciais do Ensino Fundamental, espaços para que as crianças possam produzir culturas infantis?

No próximo capítulo apresentaremos diferentes sugestões práticas de como você pode trabalhar com a leitura e com a produção textual nas aulas de Língua Portuguesa nos anos iniciais do Ensino Fundamental. Para tal, faremos um levantamento das modalidades de leitura e de escrita que podem subsidiar este trabalho e criar condições facilitadoras para a aprendizagem. Como ponto de partida para o seu trabalho, apresentaremos proposições didáticas que, considerando o que foi explicitado neste primeiro capítulo, poderão contribuir efetivamente para uma prática significativa de ensino e de aprendizagem da língua materna. Aceite o convite e envolva-se com as propostas que partilharemos nas próximas páginas. Você e seus alunos são os protagonistas de nossas práticas.

3
As práticas pedagógicas

É muito importante que você conheça e compreenda as concepções teóricas para o ensino da língua e da linguagem. O grande desafio, no entanto, será o de transpor para sua prática cotidiana esse conhecimento teórico.

Compreender de que forma os alunos aprendem, estabelecer metas e expectativas de aprendizagem para cada etapa da escolaridade e desenvolver um trabalho que objetive atingir essas expectativas requer planejamento, controle, acompanhamento e avaliação das ações realizadas.

A decisão do que deve ser ensinado e das aprendizagens a serem alcançadas é tarefa do coletivo escolar, uma decisão compartilhada entre a equipe de professores e os gestores escolares. A construção de um projeto político-pedagógico e de um currículo que garantam a progressão das aprendizagens e o aprofundamento dos conteúdos deveria ser objeto de discussão e trabalho de toda equipe escolar.

Para um ensino de Língua Portuguesa que parte do pressuposto de que é através dos gêneros orais e escritos que nos comunicamos, a premissa principal é a de oferecer aos alunos a oportunidade de experienciar a leitura e escrita em situações comunicativas semelhantes às que encontrariam e vivenciariam fora da escola.

A organização do trabalho pedagógico a ser desenvolvido deve levar em conta o que os alunos sabem e o que se pretende que aprendam em determinada etapa da escolaridade. A seleção do que os alunos aprenderão deverá estar evidenciada no projeto político-pedagógico de cada instituição escolar, de modo a legitimar e evidenciar as escolhas conceituais, didáticas e metodológicas adotadas.

Essas escolhas estão diretamente relacionadas a como se concebe a função da escola na construção dos sujeitos e aos sentidos atribuídos aos processos de ensino e aprendizagem. Uma proposta pedagógica que considera a escola como o local da diversidade, da troca, do compartilhamento de saberes e experiências adquiridas fora dela, com certeza abrirá espaço para a discussão dos diferentes propósitos e funções dos textos orais e escritos.

A construção de planejamentos para que as aprendizagens sejam alcançadas deve prever ações a curto, médio e longo prazos, suficientemente flexíveis para que possam ser adaptadas a partir das necessidades ou dos interesses despertados ao longo do processo.

Organizar o trabalho dessa forma pressupõe, portanto, inicialmente estabelecer os pontos de chegada que os alunos devem alcançar ao final de cada etapa da escolaridade nos diferentes eixos trabalhados. Os educadores precisam dessa clareza para que possam traçar os caminhos que percorrerão para alcançá-los. A partir daí, elencar os objetivos, os conteúdos que serão desenvolvidos para alcançá-los e de que forma, ou seja, que estratégias serão traçadas para atingi-los. Como no exemplo a seguir:

Ao final dos anos iniciais do Ensino Fundamental, os alunos devem ser capazes de:

- Expectativa de aprendizagem.
- Falar sobre determinado tema, assunto ou acontecimento de forma clara e coerente.

Para que atinja essa meta, serão traçados objetivos:
- Comunicar com adequação e clareza o tema, assunto, ou acontecimento.
- Articular tema e assuntos relacionados em ordem de acontecimento.
- Pronunciar bem palavras e frases, para favorecer a compreensão dos ouvintes.

E, para que os objetivos sejam alcançados, diversos recursos metodológicos devem ser mobilizados:
- Roda de conversa diária.
- Apresentações orais.
- Contação de histórias memorizadas.

Dessa forma, reitera-se que toda prática pedagógica deve estar ancorada em concepções teóricas e focada na otimização das aprendizagens e no alcance das metas estabelecidas. Para isso, será fundamental que se reproduza na escola, sempre que possível, as situações comunicativas nas quais os textos autênticos são produzidos.

3.1 O lugar dos textos na escola

Mais do que conteúdos escolares, os gêneros textuais constituem-se, como afirma Bakhtin (1997), em instrumentos de apropriação da língua. É através das práticas de linguagem e de comunicação que se fazem por intermédio dos gêneros textuais que podemos aprender sobre os funcionamentos da língua. Sendo assim, a escola tem um papel essencial nesta aprendizagem: o de proporcionar um ensino que torne o texto como unidade básica de estudo.

É através da análise e reflexão sobre os contextos em que os textos são produzidos, dos temas que podem ser ditos através deles, da estrutura composicional e dos recursos linguísticos utilizados para produzi-los que estudantes de diferentes faixas etárias poderão desenvolver suas competências de linguagem, seja ela falada ou escrita.

Se os gêneros textuais são, portanto, instrumentos e ferramentas, o ensino deve proporcionar aos aprendizes a oportunidade de serem conhecidos e "manuseados" em situações semelhantes com as quais se depararão fora da escola.

Diante da grande diversidade de gêneros textuais existentes, como selecionar quais deverão ser ensinados e trabalhados em cada uma das etapas escolares? Schneuwly e Dolz (2004) propõem um agrupamento de gêneros que contempla, ao mesmo tempo, os domínios sociais de comunicação, os aspectos tipológicos e as capacidades de linguagem mobilizadas. Vejamos:

Quadro 2 Agrupamento de gêneros

Domínios sociais de comunicação	Aspectos tipológicos	Capacidades de linguagem dominantes	Exemplos de gêneros orais e escritos
Cultura literária ficcional	narrar	Reprodução artística da realidade através da construção de intriga no domínio do verossímil.	Contos de fadas, contos populares, fábulas, lendas, romances, narrativa mítica, crônicas, adivinhas, piadas.

Domínios sociais de comunicação	Aspectos tipológicos	Capacidades de linguagem dominantes	Exemplos de gêneros orais e escritos
Documentação e memorização das ações humanas	relatar	Representação pelo discurso de experiências vividas situadas no tempo.	Relato de experiências vividas, relato de viagem, diário, biografias, notícias, reportagens.
Discussão de problemas sociais controversos	argumentar	Sustentação, refutação e negociação de tomada de posição.	Textos de opinião, carta do leitor, debate regrado, resenha crítica, editorial, discurso de defesa.
Transmissão e construção de saberes	expor	Apresentação textual de diferentes formas de saberes.	Texto expositivo (didático), seminário, palestra, artigo de divulgação científica, resumo, resenha, comunicação oral.
Instruções e prescrições	descrever ações	Regulação de comportamentos.	Instruções de montagem, receita, regras de jogo, textos prescritivos.

Fonte: Schneuwly e Dolz, 2004, p. 60-61.

Esta forma de agrupar os gêneros possibilita a elaboração de um currículo que foque mais a construção das competências comunicativas e de linguagem do que o conhecimento de um determinado gênero.

Ao compreender que o desafio para os alunos é o de, por exemplo, aprender como, através de textos orais e escritos, pode transmitir um conhecimento construído, os educadores poderão lançar mão de diferentes gêneros aproximando-os pela finalidade e pelos aspectos tipológicos, e diferenciando-os pela situação comunicativa e contexto em que serão produzidos, ou ainda um mesmo gênero pode ser trabalhado com maior grau de aprofundamento.

Para cada agrupamento de gêneros, considerando-se as capacidades de linguagem e a tipologia textual, é possível definir expectativas de aprendizagem e objetivos que contemplem diferentes níveis de dificuldade.

Ainda segundo Dolz e Schneuwly (2004), ao interagir socialmente por meio dos textos mobilizamos operações de linguagem em funcionamento, que devem ser trabalhadas nas propostas didáticas sejam quais forem os gêneros textuais selecionados para o ensino:

- A representação do contexto social em que os textos são produzidos, o contexto de produção (capacidade de ação).
- As operações de organização textual, da escolha do discurso a ser utilizado e da sequência textual a ser utilizada (capacidade discursiva).
- As escolhas das unidades linguísticas, incluindo as diferentes operações de textualização, como por exemplo os recursos de coesão (capacidade linguístico-discursiva).

Capacidade de ação

Refere-se ao contexto em que os textos orais ou escritos são produzidos e que, muitas vezes, em situação de ensino não são tematizadas, uma vez que geralmente na escola se escreve unicamente para o professor e para dar-se conta de uma atividade escolar.

O contexto de produção contempla:

- **Quem** fala/escreve: Aquele que produz o texto e de qual posição ele fala ou escreve.
- **O que** se fala/escreve: Textos de diferentes gêneros, sobre diferentes temas (cartas, bilhetes, contos, notícias, reportagens, entre outros).
- **Para que** se fala/escreve: Com qual finalidade se produz os textos: para comunicar, informar, ensinar, deleitar etc.
- **Para quem** se fala/escreve: A seleção do interlocutor, isto é, a quem se destinam os textos produzidos implica a escolha de diferentes registros ou variantes linguísticas (mais ou menos formais).
- **Quando** se fala/escreve: Em quais situações comunicativas do cotidiano se produzem textos falados ou escritos.
- **Como** se fala/escreve: Quais recursos a língua oferece para que se produzam os discursos e como estes devem ser construídos.

Todos esses aspectos devem necessariamente ser tematizados através de diferentes estratégias de ensino dos mais diferentes gêneros textuais, conforme veremos ainda neste capítulo quando apresentarmos sugestões de propostas didáticas.

Capacidade discursiva

Relacionada às sequências tipológicas a partir das quais os textos são organizados e formatados.

- Sequências narrativas: a partir de um estado de equilíbrio cria-se uma tensão (um conflito) que desencadeia uma ou várias transformações (desenrolar do conflito), no fim das quais um novo estado de equilíbrio é obtido (solução).
- Sequências descritivas: apresentam as propriedades, qualidades, a localização e os elementos componentes de uma entidade.

- Sequências argumentativas: apresentam uma tese a respeito de um tema, seguida de uma ordenação ideológica de argumentos e/ou contra-argumentos e uma conclusão.
- Sequências explicativas/expositivas: originam-se na constatação de um fenômeno, um agente autorizado explicita as causas e razões, as questões e contradições.
- Sequências dialogais: concretiza-se nos segmentos dos discursos interativos dialogados.
- Sequências injuntivas/instrucionais: nas quais o agente produtor visa a fazer agir o destinatário em uma determinada direção ou ação.

Capacidade linguístico-discursiva

Relaciona-se aos instrumentos da língua em ação, como instrumentos para que os discursos sejam os mais eficientes em seus propósitos. Aqui se estudará com os alunos os aspectos gramaticais e de textualização que constroem a coesão e a coerência dos textos orais e escritos.

O emprego dos tempos verbais, a utilização de marcas coesivas da sequência temporal (marcadores temporais como um dia, tempos depois, anos mais tarde etc.), o emprego de adjetivos nas sequências descritivas, entre outros recursos que garantem a progressão e a coerência textuais.

3.2 As modalidades organizativas do trabalho com textos na sala de aula

Os textos de diferentes gêneros devem estar presentes nas salas de aula desde os anos iniciais da escolaridade, mesmo antes que os estudantes possam lê-los autonomamente. Sob a mediação do professor, em grupos, duplas ou individualmente devem ser lidos, produzidos e revisados em sala de modo que os alunos possam ampliar suas experiências com os diferentes textos e aprender com eles.

O tempo didático deve ser organizado de forma que possibilite metodologias diversificadas e diferenciadas, uma vez que nem todos os alunos aprendem da mesma maneira. Dessa forma, diferentes modalidades organizativas, como orienta Lerner (2002), devem ser trabalhadas no cotidiano escolar. Essas modalidades auxiliam o professor, não somente na organização dos tempos escolares, como também na construção dos saberes que os alunos devem adquirir. São elas:

- ATIVIDADE PERMANENTE: atividades realizadas de forma sistemática e regular (semanalmente, quinzenalmente) com um determinado gênero textual, oral ou escrito, que objetiva o aprofundamento sobre o tema ou o gênero estudado.
- SEQUÊNCIA DIDÁTICA: pressupõe um trabalho organizado em uma determinada sequência, num período estruturado pelo professor.
- PROJETO: trabalho planejado e organizado que culmina em um produto final.
- ATIVIDADES DE SISTEMATIZAÇÃO: atividades destinadas à sistematização de conhecimentos e temas trabalhados.

Essas modalidades organizativas devem ser articuladas de forma que a gestão do tempo em sala seja a mais eficiente possível. Leitura e escrita se inter-relacionam sistematicamente. Podemos dizer, inclusive, que lemos para escrever melhor e escrevemos para ler melhor, como afirma Lerner (2002, p. 91):

> As atividades devem permitir articular dois objetivos: conseguir que as crianças se apropriem progressivamente da "linguagem que se escreve" – do que esta tem de específico e diferente do oral-conversacional, dos

diversos gêneros do escrito, da estrutura e do léxico que são próprios de cada um deles – e que aprendam a ler e escrever por si mesmas.

Pretendemos, a seguir, oferecer aos professores um "cardápio" de propostas didáticas que poderão ser aplicadas na íntegra, parcialmente ou ainda ajustadas conforme as particularidades de cada agrupamento de alunos.

Tomaremos como base as modalidades organizativas descritas anteriormente para construir propostas que poderão auxiliar professores na tarefa de trabalhar a linguagem.

3.3 Uma proposta didática a partir das modalidades organizativas

A ideia é partirmos do princípio de que é fundamental oferecer um ensino que oportunize a realização de atividades variadas que mobilizem diferentes competências de linguagem a partir dos gêneros textuais orais e escritos, de seus usos e práticas, textos estes que circulem em diferentes esferas sociais (doméstica, escolar, jornalística, literária etc.).

Textos que sejam significativos e produzidos com diferentes finalidades, nos quais os alunos se coloquem ora na posição de produtores, falando ou escrevendo, ora na de receptores ouvindo ou lendo, para que compreendam e se apropriem paulatinamente dos usos, funções e convenções da linguagem.

3.3.1 *Atividades permanentes*

Aquelas que acontecem de maneira previsível e sistemática. Os alunos esperam por elas e as incorporam em sua rotina. Essas propostas podem estar relacionadas unicamente ao trabalho com a linguagem, mas podem também estar associadas às outras disciplinas e áreas do conhecimento.

É possível eleger-se para essa proposta textos que os alunos não leriam sozinhos ou autonomamente, gêneros que circulam fora da escola, como o jornal, por exemplo. O fundamental é criar-se uma rotina de forma a que os alunos possam ir se aproximando e familiarizando com esses gêneros de forma agradável e interessante.

A ênfase dessas atividades é a prática e não o produto, ou seja, aqui o mais importante é a exposição ao gênero, a prática comunicativa e não ler, escrever ou falar para fazer alguma coisa.

SUGESTÃO 1: RECITE E SE DIVIRTA!
Eixo trabalhado: Oralidade
Gênero contemplado: Poemas/quadrinhas
Periodicidade: Atividade semanal
Objetivos: Ampliar o repertório dos alunos quanto aos textos poéticos; desenvolver a expressão oral; utilizar adequada entonação durante a apresentação oral.

Sobre a atividade: Semanalmente os alunos serão convidados e motivados a apresentar um poema curto ou quadrinha para os colegas da sala durante a atividade de roda que abre a semana, às segundas-feiras (poderiam ensaiar com a família no final de semana).

O professor pode organizar um cronograma distribuindo os alunos de forma que, todas as segundas-feiras, um ou dois alunos (dependendo do número de alunos da sala) fiquem escalados para declamar o poema ou a quadrinha escolhida.

Antes de iniciar as apresentações, ensaie com os alunos o que declamarão. Ajude-os revisando a entonação. Veja no endereço a seguir o poeta Paulo Netho, que fala sobre o trabalho do poeta e sobre a recitação de poesia:
http://paulonetho.wordpress.com/videos/

Os alunos podem ser dispostos em roda, de forma que todos possam ver uns aos outros. Apresente o(s) declamador(es) da semana e oriente que todos ouçam com atenção. Como numa apresentação teatral, sugira aos alunos que aplaudam o declamador.

Se achar conveniente, depois que todos tiverem declamado ou ao final do semestre/ano, organize um sarau de poesias e convide os familiares ou alunos de outras salas para assistirem a apresentação da turma.

Orientações para o trabalho: Os poemas/quadrinhas são gêneros que podem ser trabalhados durante o ano nos eixos oralidade e leitura. Assim, esta proposta de atividade permanente oportunizará o maior contato e a familiarização com esses gêneros.

Para que a atividade aconteça de maneira organizada e produtiva, o professor deve selecionar, pelo menos, um poema/quadrinha para cada aluno. Pode, também, solicitar que os estudantes pesquisem com familiares poemas/quadrinhas populares conhecidas e que tragam transcritas para a classe.

Seria importante conversar com os alunos sobre como era comum, antigamente (antes de existir a televisão e o rádio), as pessoas se reunirem para declamar e escutar poesias. O professor poderá decorar um pequeno poema e declamar para os alunos, destacando os recursos de entonação e a postura corporal utilizada (fazendo ou não gestos durante a declamação).

Para esse trabalho podem ser realizados exercícios coletivos de declamação para poemas/quadrinhas conhecidos da turma. Incentive-os a repetir após a declamação ou a criar uma forma própria de declamar.

Sempre que possível ou que achar conveniente, o professor deve destacar as principais características do gênero (a disposição em versos, a organização desses versos em estrofes, a presença de rimas, a musicalidade, a repetição de sons (aliteração e assonância)).

É possível, também, na sexta-feira que antecede a recitação, transcrever no quadro um ou mais poemas/quadrinhas (que você tenha escolhido ou que os alunos tenham trazido como resultado de sua pesquisa), realizar a leitura e auxiliar os alunos na compreensão global do tema/assunto, destacando as rimas e a sonoridade.

SUGESTÃO 2: UM AMIGO NADA SECRETO
Eixo trabalhado: Leitura
Gênero contemplado: Tirinhas
Periodicidade: Atividade semanal/quinzenal
Objetivos: Repertoriar os alunos quanto ao gênero tirinhas; ampliar o conhecimento dos alunos sobre as características desse gênero; apoiar-se nas imagens e recursos gráficos para construir o sentido do texto; ler com a mediação de um adulto ou par mais experimentado e desenvolver autonomia de leitura.

Sobre a atividade: A proposta é a de que semanalmente os alunos recortem de jornais, revistas ou internet tirinhas que serão trocadas com os colegas, como se fosse uma brincadeira de "amigo secreto". Após receber a tirinha, todos devem ler, da maneira como puderem, autonomamente ou com a mediação do professor ou de um colega. Depois de ler a tirinha devem opinar sobre ela dizendo se gostou ou não, se achou engraçada e se indicam para que seja colocada num cartaz que ficará exposto na sala enquanto a atividade durar.

Orientações para o trabalho: O gênero tirinha costuma ser muito apreciado pelas crianças, mesmo aquelas que ainda não têm completa autonomia de leitura. Além disso, utilizam recursos verbais e não verbais, com texto de curta extensão, disposto em "balões de fala", e apoiam-se fortemente no contexto para construir os sentidos. Por essa razão, podem se constituir numa interessante e atrativa ferramenta de trabalho com a língua.

É bem possível que as crianças já conheçam o gênero e tenham experimentado sua leitura fora da escola. A proposta dessa atividade permanente é a de possibilitar aos alunos a ampliação do seu conhecimento sobre o gênero e ao mesmo tempo desenvolver sua leitura autônoma, uma vez que podem se apoiar nos recursos não verbais para realizar previsões e inferências.

O professor pode propor que todas as semanas ou a cada quinze dias, num dia determinado, aconteça a troca e a leitura de tirinhas. Para isso, todos deverão pesquisar em jornais, revistas ou na internet e trazer para a classe. É fundamental ter sempre um conjunto de tirinhas impressas para o caso de algum aluno não ter trazido.

A forma de escolher a tirinha que será lida pode variar, pode-se fazer um sorteio, ou colocar-se todas no centro da roda para que cada aluno retire uma para ler, ou ainda deixar que os alunos troquem livremente.

Depois de receber sua tirinha, os alunos deverão fazer a leitura, de forma autônoma se já conseguirem, ou em parceria com um colega ou com a mediação do professor. Depois da leitura o professor deve pedir que avaliem a tirinha lida e digam se gostaram ou não, se acharam engraçada ou não, sempre estimulando que justifiquem sua opinião.

É possível preparar um cartaz ou organizar ou um espaço no mural para que os alunos depois de ler e avaliar a tirinha lida possam, ou não, indicá-la para ser afixada no cartaz/mural. As tirinhas indicadas podem ficar expostas durante toda a semana/quinzena até o próximo dia de troca de tirinhas.

SUGESTÃO 3: VOCÊ SABIA?

Eixo trabalhado: Leitura
Gênero contemplado: Curiosidades
Periodicidade: Atividade quinzenal
Objetivos: Repertoriar os alunos quanto ao gênero curiosidades; ampliar o conhecimento dos alunos sobre temas de diferentes áreas de conhecimento; selecionar textos que atendam à situação comunicativa; desenvolver a fluência de leitura; ler em voz alta para atender propósito comunicativo.

Sobre a atividade: Um dos grandes desafios para os alunos após a alfabetização é o desenvolvimento da fluência de leitura. Ler de maneira autônoma e cada vez mais fluente são importantes conquistas dos jovens leitores, essenciais para que continuem aprendendo a ler.

Orientações para o trabalho: Essa atividade permanente oportunizará esse trabalho a partir da seleção e leitura de "curiosidades" (podem ser utilizados outros gêneros curtos como verbetes de enciclopédia). Será interessante que o professor inicie a proposta lendo para os alunos algumas curiosidades sobre diferentes assuntos. Nos endereços a seguir é possível encontrar curiosidades sobre diferentes assuntos e temas:

http://www.sitedecuriosidades.com/
http://www.vocesabia.net/
http://www.brasilescola.com/curiosidades/
http://www.sitedecuriosidades.com/curiosidade/curiosidades-engracadas-sobre-os-mais-diversos-assuntos.html

O professor pode iniciar conversando com os alunos sobre as características do gênero: textos curtos, predominantemente expositivos, trazem informações curiosas e inusitadas sobre temas do cotidiano, que circulam predominantemente em almanaques, enciclopédias, revistas especializadas e sites.

A partir dessa primeira abordagem, o professor pode propor que a cada quinze dias aconteça o dia do "você sabia?" Para isso, todos os alunos devem pesquisar uma curiosidade e preparar-se para lê-la em voz alta para a turma.

É fundamental retomar-se alguns dos procedimentos para a leitura em voz alta, como ajustar o volume para que todos possam ouvir, utilizar a entonação adequada, ler de maneira fluente, sem se deter nas sílabas ou nas partes das palavras, assim como desenvolver uma postura de ouvinte que respeita a leitura do colega. Para isso, seria interessante que todos ensaiassem a leitura em casa, se possível, contando com a ajuda de um adulto.

Para tornar essa atividade mais desafiadora ou para complementar os estudos realizados nos demais componentes curriculares é possível selecionar um conjunto de temas para que os alunos pesquisem, deixando que aqueles que encontrem curiosidades interessantes possam ler. Para encerrar a atividade é possível oportunizar uma rodada de conversa sobre as curiosidades lidas ou ouvidas.

SUGESTÃO 4: FIQUE POR DENTRO!
Eixo trabalhado: Leitura e oralidade
Gênero contemplado: Notícias
Periodicidade: Atividade semanal
Objetivos: Repertoriar os alunos quanto ao gênero notícia; ampliar o conhecimento dos alunos sobre as característi-

cas desse gênero; selecionar notícias ouvidas ou lidas; reproduzir oralmente notícias ouvidas ou lidas.

Sobre a atividade: A proposta desta atividade permanente é a de estimular os alunos a ouvir e/ou ler notícias veiculadas na TV, rádio ou jornal. A ideia é a de que se apropriem do contexto de produção e das características do gênero através da reprodução oral das notícias.

Orientação para o trabalho: O professor deverá conversar com a turma sobre como é possível saber dos acontecimentos locais, nacionais e internacionais a partir das notícias que são veiculadas diariamente através dos jornais, rádio e da TV. É uma boa oportunidade para explorar o contexto de produção do gênero (quem escreve, para quê e quando devem ser escritas e lidas).

Seria necessário combinar com os alunos um dia para que todos leiam jornais, ou ouçam o noticiário da TV ou do rádio. A proposta é a de que os alunos leiam/ouçam ou assistam ao noticiário em casa. Depois, em classe, formem duplas com colegas e juntos escolham a que acharem mais interessante para ser reproduzida oralmente.

Antes de solicitar a reprodução dos alunos, o professor pode escolher uma notícia de jornal ou da TV e analisá-la juntamente com os alunos. É uma excelente oportunidade para que se destaque o contexto de produção: geralmente as notícias não são assinadas, são escritas em 3ª pessoa, são textos relativamente curtos, mas que apresentam unidades informativas completas. Pode-se ressaltar também a estrutura composicional do gênero: há o título, que tem a finalidade de chamar a atenção do leitor e "capturá-lo" para a leitura; uma introdução que contém o principal da informação, geralmente ao terminar a leitura do primeiro parágrafo de uma notícia, chamado de lide, é possível encontrar as respostas para as perguntas: Quem? Quando? Onde? Por quê? Como?; depois da introdução, há o desenvolvimento, no qual aparecem detalhes que não entraram na introdução e que acrescentam dados ao leitor interessado em aprofundar-se no tema. A linguagem utilizada é quase sempre a mais formal, mas, dependendo do veículo e do público a que se destina, pode ser utilizada uma linguagem mais coloquial.

O professor deve combinar com os alunos o dia em que devem ler, ouvir ou ver as notícias e orientar para que anotem a notícia que mais chamar sua atenção e as informações mais importantes. Essa anotação é importante para que nenhuma informação se perca. No dia seguinte, as duplas serão formadas e devem escolher a notícia que será reproduzida.

Caso a mesma notícia tenha sido escolhida por alguma dupla, será interessante comparar as informações, observar se há discrepâncias e verificar se a mesma notícia foi veiculada da mesma forma nos diferentes meios de comunicação.

SUGESTÃO 5: CENAS DOS PRÓXIMOS CAPÍTULOS
Eixo trabalhado: Leitura
Gênero contemplado: Romance
Periodicidade: Atividade semanal
Objetivos: Ler, de forma compartilhada, textos de maior extensão ou complexidade; ampliar a experiência dos alunos com leitura oralizada; desenvolver estratégias de compreensão e interpretação de textos lidos.
Sobre a atividade: A proposta desta atividade permanente é a de ler, de maneira compartilhada, textos mais extensos e complexos de forma a mediar a leitura, desenvolver a compreensão e interpretação textual, mobilizar o conhecimento

prévio dos alunos para realizar, interpretar o texto e completar os espaços deixados pelo autor.

A escolha deve recorrer, preferencialmente, a um clássico da literatura infantil ou infantojuvenil brasileiro, como as obras de Monteiro Lobato ou ainda clássicos da literatura universal com boas traduções.

Orientações para o trabalho: Iniciar o trabalho apresentando o livro. A partir do título é possível estimular os alunos a antecipar o conteúdo da história. O autor também deve ser apresentado. O professor poderá ler uma biografia resumida ou contar um pouco sobre a importância do autor e de suas obras, e também perguntar aos alunos se já leram outras obras ou se já ouviram falar sobre elas.

Em seguida, deve apresentar a proposta de ler o livro em partes ou em capítulos, combinando com os alunos qual será o dia da leitura e quanto tempo disponível terão para ler de cada vez.

O mais importante nessa proposta será a leitura de fruição, aquela que acrescenta repertório e promove a leitura lúdica e desinteressada dos textos que se leem apenas uma vez, mas que provocam o encanto da descoberta que só se experimenta na primeira leitura.

O professor deve preparar sempre sua leitura de forma a oferecer aos alunos um modelo de leitura oralizada. É fundamental localizar as passagens mais complexas e verificar se os alunos compreenderam. Da mesma forma será importante identificar as possíveis referências a outros textos e autores e explicitá-las aos alunos. Procure sempre interromper a leitura em um trecho que possa instigar a curiosidade dos alunos e estimular o interesse pelas "cenas dos próximos capítulos".

Na próxima cena, antes de dar continuidade à leitura, retome os principais pontos da história lidos anteriormente. Você pode propor algumas atividades durante a leitura, como a representação através de desenho ou pintura do local em que a história acontece ou mesmo de como imaginam os personagens. É possível propor que relacionem a história lida com outras conhecidas, estimulando a intertextualidade.

A cada capítulo proponha uma atividade diferente, ora que falem sobre a história até o ponto lido, discutam o comportamento de algum dos personagens, que analisem os conflitos e as posturas, que comentem sobre os rumos dados pelo autor, sobre o estilo e a forma como ele escreve, entre outras.

Siga lendo até o final do livro e, quando terminar, peça que os alunos opinem sobre a história lida. Se a indicariam para outros leitores e por quê, se aprovaram a forma como o autor finalizou e o desfecho que deu aos personagens, se mudariam algo.

A proposta é a de desenvolver nos alunos o comportamento leitor, que analisa a obra lida, avalia, opina, recomenda ou não a outros leitores.

Se for possível, repita essa atividade permanente, sugerindo que agora os alunos façam a leitura. Empreste o livro para que o leitor se prepare e reveze entre os alunos esse papel de leitor.

SUGESTÃO 6: NOSSA SEMANA FOI ASSIM...
Eixo trabalhado: Oralidade
Gênero contemplado: Relato oral
Periodicidade: Atividade semanal
Objetivos: Organizar as experiências vividas respeitando a relação temporal e causal e relatá-las com clareza e coerência; identificar os pontos mais significativos e sintetizar as aprendizagens adquiridas.

Sobre a atividade: A proposta dessa atividade é, ao mesmo tempo, desenvolver a oralidade dos alunos através da exposição oral e criar um mecanismo para a sistematização.

Orientação para o trabalho: O professor poderá combinar com os alunos que todas as sextas-feiras os momentos finais da aula serão dedicados à apresentação de um relato das aprendizagens desenvolvidas durante a semana. É possível dividir a classe em grupos de acordo com as disciplinas trabalhadas (grupo da Matemática, da Arte, das Ciências etc.). Cada grupo deve reunir-se para planejar como farão o relato e a síntese do que aprenderam durante a semana.

Os alunos podem ser orientados a incorporar em suas falas fórmulas de introdução do discurso como: "Nesta semana aprendemos... O que foi mais fácil para nós foi... Achamos muito difícil o... Precisaremos trabalhar mais esse tema porque..." Os relatos podem ser registrados pelo professor e os registros afixados no mural da classe.

Se for possível e houver tempo disponível, o professor poderá abrir uma discussão sobre os temas e sobre o relato apresentado, provocando os demais alunos com questões como: "Todos concordam que esse conteúdo foi fácil/difícil?", entre outras questões possíveis.

Aqui será muito importante que se observe o registro de linguagem utilizado pelos alunos, estimulando-os a escolher um registro mais formal.

Além destas, muitas outras atividades sistemáticas podem ser realizadas pelos professores, como a hora da brincadeira, na qual num dia estipulado pelo professor podem ser ensinadas brincadeiras que as crianças tenham aprendido com pessoas mais idosas. Ou o momento da Arte, no qual os alunos devem apresentar para os colegas uma obra de arte que tenham selecionado durante um tempo previsto. Ou ainda realizar uma atividade mensal na qual os alunos devem convidar alguém de sua família ou amigo para contar uma história para os colegas de classe. O mais importante é que fique bem claro ao professor que as atividades sistemáticas têm como objetivo principal a ampliação do capital cultural dos alunos, seu letramento, suas experiências com os diferentes gêneros textuais e situações comunicativas.

3.3.2 *Sequências didáticas*

De acordo com Schneuwly e Dolz (2004), uma sequência didática é um conjunto de atividades escolares organizadas, de maneira sistemática, em torno de um gênero textual oral ou escrito.

As sequências didáticas objetivam ajudar os alunos a se apropriarem das características de um gênero textual e serem capazes de produzi-lo em diferentes situações de comunicação. As sequências geralmente são desenvolvidas durante algumas semanas de trabalho e podem incluir atividades individuais, em pequenos grupos ou coletivas.

Ainda de acordo com os autores acima citados, uma sequência didática deveria ter o seguinte esquema:

- Apresentação da situação: Momento no qual se apresenta à turma a atividade de linguagem que será desenvolvida e a situação de comunicação na qual estará inserida. Questões como: Qual será o gênero? Como será produzido? A quem se destinará? Em qual suporte será produzido? Como será apresentado? Estas questões serão tematizadas com os alunos preparando-os para o trabalho que desenvolverão.
- Produção inicial: Os alunos tentam produzir um texto oral ou escrito, de acordo com o que foi proposto acima

de forma que possam revelar quais são suas representações sobre a tarefa e sobre o gênero trabalhado. Essa produção revelará quais pontos será necessário trabalhar nos módulos.

- MÓDULOS: Atividades desenvolvidas a partir das dificuldades e necessidades observadas na produção inicial. Seriam recortes em que se trabalhariam questões particulares como o contexto de produção (ajustar a fala ou escrita para um determinado público ou suporte etc.), planejamento do texto, uso dos recursos gramaticais e de textualidade, tipologia textual, entre outros.
- PRODUÇÃO FINAL: Nova produção textual que dá ao aluno a chance de colocar em prática o que aprendeu com a sequência didática e ao professor a possibilidade de avaliar o trabalho desenvolvido.

Importante aqui compreender o processo do trabalho que parte do complexo (o texto da produção inicial), trabalha aspectos importantes e conhecimentos relevantes e estruturantes (módulos) e retorna ao complexo (o texto da produção final).

Vejamos alguns exemplos de sequências didáticas:

SEQUÊNCIA DIDÁTICA 1: RIMAR E POETAR
Eixo: Leitura e produção escrita
Gênero contemplado: Poemas infantis
Objetivo: Identificar as rimas e aliterações (repetição de uma mesma consoante em um texto poético); conhecer como são estruturados os textos poéticos; identificar as relações entre o falado e o escrito e produzir novos versos para um poema conhecido.
Sobre a sequência: Os alunos serão convidados a conhecer poemas infantis a partir da leitura ou declamação do professor

e da análise desses textos escritos. As rimas e aliterações serão trabalhadas de forma lúdica de modo a incentivar os alunos a produzi-las, assim como a produzir novos versos para o poema trabalhado.

Orientações para o trabalho: O professor deve selecionar um dentre os vários livros de coletâneas poéticas para que seja trabalhado com os alunos nesta sequência. Ao apresentar o livro, deve ler o título e estimular os alunos a fazer inferências sobre o conteúdo. Por exemplo, "A arca de Noé", de Vinicius de Moraes. Pode-se levantar o conhecimento prévio dos alunos sobre essa Arca. Se já ouviram falar dela e se sabiam que, de acordo com a história bíblica, era um barco que carregou animais de todas as espécies. Dito isto, estimule os alunos a pensar o porquê de o autor ter escolhido esse nome para o livro. As respostas devem ser trabalhadas e discutidas, sem a preocupação de certo ou errado, mas sim no sentido de fazer os alunos refletirem sobre sua pertinência ou não.

O professor pode realizar a seguinte sequência de atividades ou organizá-la de outra forma que julgar mais conveniente. O importante é sempre estimar e planejar a quantidade de aulas que dispensará para a sequência:

- Escolha um dos poemas, "O pato", por exemplo, transcreva-o num cartaz ou no quadro e faça a atividade coletivamente com os alunos, identificando as rimas, as aliterações. Declame para as crianças, talvez algumas delas conheçam a canção, pois esse poema foi musicado por Vinícius e Toquinho.
- Estimule-os a perceber a distribuição espacial do poema em versos e explique que esses textos geralmente são escritos em versos. Se achar conveniente pode contar a eles que um conjunto de versos é chamado de estrofe.

- Entregue os versos escritos em tiras avulsas para que os alunos as coloquem na ordem e possam ler o poema.
- Leia o índice dos poemas e peça que os alunos escolham outros poemas para serem lidos por você.
- Escolha outro poema e ofereça uma cópia escrita, peça que acompanhem a leitura e que circulem as rimas.
- Solicite que escolham outras palavras que poderiam entrar no poema e ainda manter a rima.
- Proponha que criem, no coletivo, outro verso para o poema trabalhado, mantendo a coerência e o tema. Ajude os alunos a perceber se o verso criado poderia efetivamente ser adicionado ao poema.
- Divida a turma em duplas e peça que cada dupla crie um novo verso para o poema e o apresente para a turma.
- Valide o verso com os alunos e, se todos o aprovarem como possível continuação do poema, escreva-o no final, após o último verso, repetindo essa ação para todos os versos criados.
- Ao final, proponha que todos leiam o poema que escreveram em parceria com Vinicius de Moraes. Mantenha o cartaz afixado na sala e proponha a leitura em outro momento.

SEQUÊNCIA DIDÁTICA 2: HISTÓRIAS DE ANIMAIS

Eixo: Produção de texto

Gênero contemplado: Fábulas

Objetivo: Trabalhar estratégias de leitura; familiarizar-se com o gênero fábulas; introduzir diálogos nos textos produzidos e pontuar corretamente o discurso direto.

Sobre a atividade: Os alunos conhecerão algumas fábulas de forma a reconhecer as semelhanças entre elas e as características principais deste gênero. Identificarão a sequência narrativa e trabalharão também a inserção de sequências dialogais em textos predominantemente narrativos.

Orientações para o trabalho: O fundamental para o desenvolvimento desta sequência é a escolha de um bom modelo de texto para que os alunos possam identificar as principais fases da narrativa e a introdução de uma sequência dialogal. Por essa razão, o professor deve ter cuidado nesta escolha.

Comece pela leitura do título e provoque, a partir dele, antecipações sobre o tema e o gênero que será lido. Levante o conhecimento prévio dos alunos sobre o gênero fábulas e a partir dele proponha atividades para ampliar esse conhecimento.

A sequência a seguir terá como proposta a reprodução da fábula lida. Para isso, leia o texto uma ou duas vezes e certifique-se que os alunos tenham compreendido e assimilado o enredo. Proponha, então, que reescrevam a fábula: essa seria uma possível produção inicial. A partir da análise, poderão ser realizadas as seguintes propostas como módulos de aprendizagem:

• Análise de uma ou mais fábulas nas quais a descrição da personagem seja importante para a construção do enredo. Solicite aos alunos que encontrem as palavras que descrevem as personagens (provavelmente adjetivos ou locuções adjetivas) e solicite que encontrem outras palavras que poderiam também descrever as personagens.

• Ofereça aos alunos as ilustrações da fábula que representem a sequência dos acontecimentos (situação inicial, complicação, ações realizadas para resolver, desfecho) e peça que os alunos coloquem na ordem. Discuta a sequência, destacando cada uma das fases da narrativa (não é necessário nomear cada uma).

- Ofereça agora uma fábula escrita, porém com a sequência desordenada, para que os alunos encontrem a sequência correta e leiam a fábula.
- Escolha outros provérbios ou frases e peça que os alunos escolham entre eles a que poderia ser também a moral da fábula.
- Ofereça uma fábula com diálogos e solicite que os alunos pintem de cores diferentes as falas do narrador e dos personagens e identifiquem os sinais de pontuação no discurso direto (dois pontos e travessão).
- Solicite que os alunos criem pequenos diálogos entre animais que poderiam ser personagens de uma fábula, lembrando-os de pontuar corretamente.
- Para finalizar a sequência, proponha que os alunos produzam uma fábula a partir dos conhecimentos que adquiriram sobre o gênero. Destaque que na fábula criada por eles deve haver diálogos entre os personagens.

SEQUÊNCIA DIDÁTICA 3: LENDO E ESCREVENDO NOTÍCIAS

Eixo: Produção de texto

Gênero contemplado: Notícias

Objetivos: Ler notícias e identificar as principais características do gênero; produzir um texto considerando os leitores e o contexto de produção.

Sobre a atividade: Os alunos deverão selecionar nos jornais impressos locais e nacionais notícias relevantes e de interesse da turma para coletivamente analisar o contexto de produção, a estrutura textual e os recursos linguísticos utilizados para, depois, produzirem notícias.

Orientações para o trabalho: Traga para a sala de aula um ou mais jornais impressos e pergunte aos alunos se costumam ler esse portador de texto. Se houver jornais suficientes, deixe que manuseiem e depois que falem sobre suas descobertas.

Selecione uma notícia que você considere relevante e leia para os alunos. Se possível, reproduza, como no original, e entregue uma cópia a cada um para que acompanhem a leitura.

Converse com os alunos sobre o tipo de jornal em que a notícia foi veiculada (se um jornal mais popular ou voltado para um público mais elitizado), sobre quem seria o autor, de que forma elas são escritas (textos que trazem as informações principais logo no primeiro parágrafo).

Após essa introdução, a seguinte sequência de atividades pode ser proposta:

- Solicitar que os alunos selecionem uma notícia para trazer para a sala. Cada um deverá ler sua notícia para os colegas (por isso devem ensaiar em casa) e explicar por que ela chamou sua atenção.
- Solicitar aos alunos que sublinhem as informações mais relevantes de sua notícia e localizem onde essas informações se encontram (no primeiro parágrafo, chamado de LIDE). Ofereça um quadro para ser preenchido com essas informações: O QUE ACONTECEU? QUANDO? ONDE? COM QUEM? POR QUÊ?
- Propor um exercício no qual os alunos recebam os títulos e as notícias separados para que encontrem os pares, isto é, relacionem o título à notícia. Essa proposta é interessante para que percebam como o título de uma notícia é escolhido para chamar a atenção do leitor.
- Ofereça as informações do LIDE em forma de perguntas e respostas e proponha que os alunos, em duplas, escrevam

uma notícia a partir dessas informações. Algumas duplas devem escrever para jornais mais populares, outras para jornais mais "elitizados" e outras ainda para suplementos infantis de jornais de grande circulação.
• Propor que os alunos transformem alguma atividade ou acontecimento da escola em notícia que pudesse ser veiculada num jornal interno.

SEQUÊNCIA DIDÁTICA 4: E VIVERAM FELIZES PARA SEMPRE

Eixo: Leitura

Gênero contemplado: Conto Maravilhoso

Objetivos: Trabalhar estratégias de leitura; compreender as características do gênero; identificar o elemento mágico como estratégia para a resolução do desequilíbrio causado pelo conflito.

Sobre a atividade: Os alunos lerão, com a mediação do professor, duas versões de um conto maravilhoso para compará-los e estabelecer as semelhanças e diferenças entre eles.

Orientações para o trabalho: O professor deve selecionar duas versões de um mesmo conto que tenham algumas diferenças entre si. Antes da leitura deve ler o título do conto e perguntar quantos alunos o conhecem. Diga aos alunos que, depois de sua leitura, eles poderão comentar se a versão lida é parecida com a que conheciam.

Avise aos alunos que você lerá duas versões da mesma história e que eles devem estar muito atentos para comparar as duas versões e eleger a preferida da turma.

Feita essa introdução, a sequência didática pode ter as seguintes atividades:

• Leitura da primeira versão. O professor deve preparar essa leitura para fazer as pausas nos locais certos, retomar algumas partes, usar de diferente entonação durante a leitura.

• Durante a leitura, o professor pode ir identificando as partes mais complexas e se ater nelas ou fazer pausas para checar o acompanhamento dos alunos.

• Depois da leitura, abrir espaços para que os alunos comentem a história, façam críticas e recontem oralmente.

• Propor uma atividade na qual os alunos devam preencher uma tabela como o modelo abaixo:

PERSONAGENS	NOME	PRINCIPAIS CARACTERÍSTICAS
LOCAL ONDE O CONTO ACONTECE		
CONFLITO/DESEQUILÍBRIO		
COMO FOI RESOLVIDO		

• A partir da tabela, explore os acontecimentos do conto, como o conflito gera um desequilíbrio na situação inicial de calma, quais ações foram desencadeadas a partir do conflito e qual foi o recurso empregado para o desfecho (um encantamento, uma magia, a quebra de um encantamento etc.).

- Num outro dia, leia a segunda versão do conto. Retome a primeira versão lida. Para isso, os alunos poderão consultar a tabela preenchida.
- Ao final da leitura, proponha que os alunos comentem e comparem oralmente as duas versões lidas, apontando o que há de semelhante e o que há de diferente entre elas.
- Propor que os alunos completem a tabela, agora com o que observaram na segunda versão.

	CONTO:			
1ª VERSÃO			**2ª VERSÃO**	
PERSONAGENS	NOME	PRINCIPAIS CARACTERÍSTICAS	NOME	PRINCIPAIS CARACTERÍSTICAS
LOCAL ONDE O CONTO ACONTECE				
CONFLITO/ DESEQUILÍBRIO				
COMO FOI RESOLVIDO				
MINHA OPINIÃO				

• Para fechar a sequência, proponha aos alunos uma leitura em forma de jogral da versão preferida da turma. Para isso, divida-os em grupos, de acordo com o número de personagens, elegendo um grupo para ler as falas do narrador. Permita que os grupos ensaiem de forma que leiam com a entonação adequada. Se for possível, o professor poderá gravar essa leitura e ouvi-la com os alunos, propondo que numa segunda leitura se corrijam os problemas identificados ao ouvir a gravação.

SEQUÊNCIA DIDÁTICA 5: UM FOLHETO MUITO IMPORTANTE

Eixo: Leitura e produção de texto
Gênero contemplado: Folhetos informativos
Objetivo: Identificar as características do gênero; utilizar ilustrações e imagens para apoiar o discurso escrito e facilitar a compreensão do leitor; compreender como produzir textos predominantemente argumentativos, que têm como finalidade convencer o leitor a mudar de opinião ou de atitude.

Sobre a atividade: Os alunos elaborarão um folheto sobre a importância de economizar água, destinado aos alunos da escola. Deverão, para isso, compreender as características do gênero e ajustar a linguagem para o público-alvo: crianças. Além do trabalho com a linguagem, deverão mobilizar os conhecimentos adquiridos nas disciplinas de Ciências e Geografia sobre o ciclo da água e as reservas de água do planeta.

Orientações para o trabalho: O professor pode retomar aqui algumas questões estudadas pelos alunos em Ciências e Geografia, como a quantidade de água no planeta. De acordo com pesquisadores, não será suficiente para toda a população do planeta caso não se desenvolvam atitudes conscientes de preservação desse recurso natural tão importante.

A seguinte sequência de atividade pode ser desenvolvida:

- Apresentar dois ou mais folhetos informativos que tenham como temática a economia de água. É fundamental que um deles seja destinado a crianças para que os alunos possam identificar os recursos utilizados e a linguagem (muitas companhias estaduais e municipais de água e esgoto têm disponíveis, em suas páginas na internet, folhetos e cartazes com essa temática).
- Orientar os alunos a identificar o tema do folheto e os recursos utilizados (desenhos, ilustrações, história em quadrinhos, jogos etc.).
- Solicitar que identifiquem o folheto destinado ao público infantil e justifiquem a resposta.
- Pedir que comparem os folhetos destinados a adultos e a crianças identificando as semelhanças e diferenças.
- Agrupar os alunos em duplas e solicitar que elaborem o texto para o folheto que criarão. Devem ser lembrados que este é um texto predominantemente argumentativo e que tem como finalidade convencer o leitor de que as ideias e propostas veiculadas devem ser aceitas.
- Planejar as ilustrações, desenhos ou recursos que serão utilizados para tornar o folheto mais interessante.
- Organizar um rascunho do folheto com o texto e as ilustrações e fazer as revisões necessárias com a ajuda do professor.
- Fazer a versão definitiva a partir das revisões, cuidar da apresentação e da estética de forma que o folheto fique atrativo para o leitor a que se destina.

SEQUÊNCIA DIDÁTICA 6: JOGAR E APRENDER

Eixo: Leitura e produção de texto
Gênero contemplado: Regras de jogos
Objetivos: Identificar as características do gênero, criar um jogo e escrever a regra para que outros possam jogá-lo.

Sobre a atividade: A proposta é de que os alunos possam construir e elaborar jogos de tabuleiro para que possam trocar com os colegas e jogar. Para isso, além de criar o jogo, deverão escrever as regras de forma clara e compreensível para que outros possam jogá-lo apenas lendo as regras.

Orientações para o trabalho: Traga para a sala um jogo, de preferência que não seja muito conhecido dos alunos, e pergunte se algum deles o conhece. Caso nenhum aluno conheça, pergunte como poderão fazer para jogá-lo. Com certeza, alguém proporá que leiam as regras. Começa, então, a sequência de atividades para o trabalho com esse gênero:

• Leia com os alunos a regra do jogo. Seria interessante que cada aluno ou que cada grupo tivesse em mãos uma cópia da regra para acompanhar a leitura.
• Identifique no texto qual é a finalidade do jogo, ou seja, o que é preciso fazer para vencê-lo.
• Prepare uma atividade para que os alunos identifiquem os verbos, que indicam as ações que devem ser realizadas para que se jogue. Ajude-os a observar que são verbos no imperativo: tempo verbal pelo qual se expressa uma ordem ou um pedido (**jogue** o dado, **ande** no tabuleiro, **passe** a vez).
• Proponha que escrevam uma lista das ações que poderiam entrar numa regra de jogo (ande, corra, passe, fique etc.).
• Solicite que os alunos tragam para a classe outros jogos e as regras para jogá-los. Divida os grupos para jogarem,

mas antes devem ler as regras para descobrir como devem fazer para jogar.
- Ler e analisar algumas regras de jogos e identificar quais são as partes semelhantes entre elas e que toda regra de jogo deve ter.
- Criar, em grupos, um jogo de tabuleiro e construir usando materiais diversos.
- Elaborar as regras do jogo e revisá-las, certificando-se de que é possível jogar a partir da leitura.
- Trocar de jogo com outro grupo e jogar a partir da leitura. Anotar se tiverem alguma dúvida quanto às regras ou, se não for possível, jogar a partir delas.
- Conversar com o grupo elaborador do jogo, dando sugestões sobre como as regras poderiam ser melhoradas.

3.3.3 *Projetos*

Essa modalidade organizativa prevê sempre um produto final e deve ter um planejamento, descrição das etapas e cronograma de realização, uma divisão de tarefas entre os participantes e uma avaliação final que compara o produto obtido ao pretendido e planejado.

É uma excelente oportunidade para trabalhar o coletivo em sala de aula, pois cada participante do grupo tem sua tarefa e papel definido, e a realização de cada um contribui para o sucesso da proposta a ser desenvolvida.

Geralmente possibilitam que se mobilizem todas as atividades linguísticas básicas: falar, ouvir, ler e escrever.

Os projetos geralmente têm uma duração maior em relação às demais modalidades. Para que o produto final possa ser produzido, muitas vezes, o professor poderá lançar mão de sequências didáticas ou mesmo de atividades de sistematização para que os alunos possam compreender e realizar as etapas previstas.

Daremos, a seguir, dois exemplos de projetos para que você possa observar como as etapas foram organizadas. O projeto prevê também a construção de um cronograma que coloca as etapas em uma sequência temporal que garante a distribuição das tarefas no tempo previsto. Essa distribuição do tempo é flexível, mas, ao mesmo tempo, garante que todas as etapas sejam cumpridas.

PROJETO 1: SEMINÁRIO: UM GÊNERO PRESENTE EM MUITAS SALAS DE AULA

Eixo: Oralidade, leitura (compreensão leitora) e produção de textos escritos.

Tempo de duração: dois meses (1 bimestre)

Fonte de informação: Livros, enciclopédias, internet, revistas etc.

Produto final: Apresentação de um Seminário

Justificativa: A linguagem oral tem lugar reservado na maioria das salas de aula, mas nem sempre é objeto de ensino. Por essa razão, este projeto propõe-se a ensinar conteúdos e procedimentos da oralidade, através de um dos gêneros do oral, o seminário.

Essa escolha deu-se, principalmente, pelo fato de ser este um gênero que ultrapassa a barreira das disciplinas escolares, sendo possível observar sua prática em aulas de História, Geografia, Ciências, Matemática, e não apenas nas de Língua Portuguesa.

A fala pode ser concebida de duas formas: representada pela escrita, fundindo oral e escrito numa unidade mítica de uma língua ideal ou como expressão espontânea cotidiana (SCHNEUWLY; DOLZ, 2004). A escola deve considerar, portanto, as múltiplas formas do oral e oportunizar aos alunos que desenvolvam habilidades que os capacitem a comunicar-se dentro e fora do universo escolar, escolhendo, para isso, a modalidade e o registro adequados.

Além de possibilitar o uso da língua em situações de comunicação muito similares às situações autênticas, o seminário constitui-se numa rara oportunidade de aprendizagem, tanto para o produtor (que poderá ter a oportunidade de aprender diferentes conteúdos e procedimentos da língua falada) quanto para o ouvinte (que poderá aprender os conteúdos expostos e aprimorar sua escuta).

O seminário pode ser definido como um gênero do oral, no qual um expositor utiliza, na maioria das vezes, o registro mais formal da língua, dirigindo-se de forma estruturada a ouvintes para transmitir informações e conhecimentos ou para explicar algum tópico.

Sendo assim, o projeto oportunizará ao aluno, quando na posição de expositor, a possibilidade de se colocar no papel do especialista, o que implicará a necessidade de planejar sua fala, considerando as especificidades da tarefa e da audiência e preparar os conteúdos a serem expostos (pesquisar em diferentes fontes, tomar notas, criar roteiros de apresentação etc.).

Quando estiverem na posição de audiência, os alunos poderão desenvolver a postura de ouvinte, silenciando enquanto o expositor estiver apresentando o seminário, ouvindo com atenção, tomando notas dos pontos mais importantes e levantando questões e dúvidas que possam surgir.

Serão trabalhadas as diferentes dimensões comunicativas, que visam transmitir um conteúdo a uma audiência, o cuidado na preparação do conteúdo a ser exposto, além dos procedimentos linguísticos e discursivos próprios do gênero. Em cada etapa do projeto serão trabalhados conteúdos relacionados às habilidades a serem desenvolvidas para que, ao final, se obtenha o produto final, a apresentação de um seminário, além de muitas outras aprendizagens relacionadas à oralidade, à leitura e à produção de textos escritos.

Aprendizagens a serem desenvolvidas
Oralidade:
• Considerar a situação de comunicação em que o gênero textual será produzido.
• Escolher o objetivo com que se vai produzir o texto oral.
• Delimitar o tema, assunto ou conteúdo do texto oral.
• Selecionar meios (recursos impressos e tecnológicos) que potencializam a comunicação considerando as características do gênero, a situação de comunicação, a audiência e os objetivos da produção (computadores, cartazes, ilustrações, imagens em movimento etc.).
• Usar gestos, postura corporal, expressão facial como recursos para prender a audiência e favorecer a compreensão, em situações formais de fala.
• Fazer-se compreender com adequados volume, ritmo e expressividade, em situações formais de fala.
• Comunicar com adequação e clareza o tema, assunto, conteúdo ou posição defendida.
• Expor conhecimentos vividos ou recém-adquiridos sobre conceitos, fatos e procedimentos, fazendo uso de exemplos, ilustrações e demonstrações que contribuam para a compreensão.

- Utilizar, durante a apresentação oral, recursos impressos e tecnológicos variados (computadores, cartazes, ilustrações etc.) para favorecer a construção de sentido.
- Apresentar-se no tempo previsto.
- Respeitar os turnos da fala.
- Escutar e respeitar as considerações dos colegas.
- Tomar a palavra para perguntar, expor, explicar ou confrontar ideias.
- Responder às perguntas de forma pertinente e respeitosa.
- Fazer questões pertinentes ao conteúdo.
- Expressar o que aprendeu a partir do texto apresentado pelo colega.

LEITURA
- Extrair informações e dados de textos em função dos propósitos de leitura ou dos objetivos dos gêneros textuais.
- Manusear adequadamente os vários suportes nos quais circulam os textos.
- Identificar a ideia principal de uma passagem ou trecho.
- Integrar informações, apreendendo a ideia principal de um texto.

PRODUÇÃO DE TEXTOS ESCRITOS
- Delimitar o tema, assunto ou conteúdo.
- Hierarquizar temas e assuntos relacionados, fatos (principais e secundários), conteúdos (centrais e secundários) e argumentos a serem abordados.
- Verificar a necessidade de recorrer a fontes de pesquisa diversas para tratamento do tema ou conteúdo delimitado (enciclopédias, dicionários, sites, livros didáticos, livros de literatura, TV etc.).

- Sintetizar, com suas próprias palavras, as ideias principais de um texto.

Desenvolvimento do projeto

Etapa 1: apresentando o projeto

Selecione um tema ou temas que estejam sendo estudados em qualquer um dos componentes curriculares e que você julgue importante ser ampliado através de uma proposta de seminário.

Inicie a apresentação do projeto retomando o que os alunos já aprenderam sobre o tema escolhido e apresentando outros tópicos que poderão ser ampliados. Estimule-os com provocações como: "*Não seria interessante saber como os cientistas descobriram a idade da Terra?*" ou "*Como será que os antigos moradores de nossa cidade faziam para ter água em suas casas?*" É fundamental que o tema – ou os temas – escolhido para o seminário seja interessante e realmente desperte o desejo de ser investigado e apresentado. Deve-se cuidar nessa escolha e introdução do projeto de não transformá-lo apenas em uma atividade escolar, mas sim numa oportunidade de organizar uma situação de comunicação na qual os alunos desenvolverão habilidades e aprenderão novos conteúdos relacionados ao tema e à linguagem.

Diga aos alunos que prepararão um seminário sobre o tema escolhido. Pergunte se já fizeram um seminário ou se já participaram como ouvintes, se sabem como preparar um seminário; enfim, levante o conhecimento prévio dos alunos sobre o gênero. Procure identificar o que já sabem e o que precisam aprender. Você pode registrar as respostas dos alunos em um cartaz, que pode estar dividido em duas partes: o que sabemos sobre seminário/o que aprendemos com o projeto. Complete a primeira parte com as respostas referentes aos conhecimentos prévios dos alunos e diga que, no encerramento do projeto, preencherão a segunda parte.

Você pode dividir a turma em grupos de máximo 5 elementos para que todos possam participar ativamente do processo e potencializar as aprendizagens.

ETAPA 2: ORGANIZANDO O CRONOGRAMA

Apresente as etapas do trabalho:
- Apresentação do gênero seminário e de como realizá-lo, pesquisa e preparação do conteúdo que será apresentado.
- Escolha e preparação dos recursos visuais que serão utilizados (imagens, cartazes, apresentações utilizando o computador, músicas, trechos de filmes etc.); organização da apresentação,
- Ensaio e apresentação para os demais colegas.

Divida a turma em grupos ou peça que se agrupem e distribua os temas dos seminários para os grupos. Lembre-se apenas de que os temas devem ser relevantes e contribuírem na compreensão do conteúdo estudado. Depois de definidos os grupos, proponha um calendário para as etapas, estabelecendo a frequência com que trabalharão no projeto (se uma ou duas vezes por semana) de forma que possam distribuir as atividades ao longo do tempo disponível até a apresentação. Seria interessante que todas as atividades fossem realizadas em sala, para que você pudesse acompanhar o desenvolvimento dos alunos e garantir a participação de todos.

ETAPA 3: CONHECENDO O GÊNERO SEMINÁRIO

Retome o que os alunos já conhecem sobre o gênero e conte a eles suas experiências ao apresentar seminários, mesmo que elas não sejam completamente positivas. É importante destacar aqui a função do gênero, que é a de explicar, ensinar ou expor conhecimentos para um público que deve estar atento e tomando notas das informações mais importantes. Questione os alunos sobre como deve ser a linguagem utilizada durante o seminário (registro mais formal e próximo da escrita) e da importância de utilizarem-se recursos audiovisuais, como cartazes, imagens ou mesmo apresentações feitas no computador para apoiar e ilustrar.

Você pode aproveitar e apresentar essa aula em formato de um seminário para que os alunos possam tomar como modelo ou apresentar algum vídeo de um seminário para a apreciação.

Etapa 4: compreendendo o contexto de produção

A situação de comunicação no seminário envolve um aluno que toma a palavra como o expositor e um grupo de alunos que se reúne para ouvi-lo e aprender sobre o tema. O aluno que toma a palavra para expor deve ter a clareza de que fala da posição de um especialista e que, por isso, deve preparar-se para a situação, tendo a consciência de que precisa envolver sua plateia e mantê-la atenta. Neste sentido, deve apresentar uma fala clara, bem articulada, com entonação e volume adequados para que todos os ouvintes, mesmo os posicionados em lugares mais distantes na sala, possam ouvi-lo.

Proponha pequenos exercícios para os alunos, como, por exemplo: apresentar-se para a classe, dizendo seu nome, o tema do seu seminário e quais são os componentes do seu grupo. Ou ainda, outro no qual os alunos devam falar sobre sua forma de lazer preferida ou seu brinquedo preferido.

Na falta de modelos de textos orais para a análise dos alunos, coloque-se como modelo. Faça inicialmente sua apresentação, de maneira clara e bem articulada, utilizando um volume de voz adequado.

Peça que os alunos façam suas apresentações e, ao final de cada uma, solicite a avaliação dos ouvintes: Todos conseguiram ouvir? Compreenderam o que o colega falou? Alguém teria alguma sugestão para que pudesse ficar ainda melhor?

Importante que todos se apresentem e que as avaliações sejam feitas de forma polida, sempre com observações pertinentes e que possam ajudar o colega. Discuta isso com os alunos antes de abrir espaço para as avaliações.

Etapa 5: planejando o seminário

Discuta com os alunos a importância de planejar o seminário, o que implica organizar o conteúdo temático, ou seja, que informações ou explicações serão dadas, que tipos de recursos visuais utilizarão e como dividirão as tarefas entre os componentes do grupo.

Disponibilize materiais e recursos para pesquisa e/ou solicite que os alunos tragam para a sala materiais diversos que servirão como fonte de pesquisa. Oriente-os para que façam uma triagem de todo o material, separando aqueles que serão úteis na preparação do seminário.

Para preparar o conteúdo da exposição é fundamental que os alunos hierarquizem as informações, separando as principais das secundárias, e as organizem de forma encadeada para que o seminário não se transforme numa apresentação de tópicos fragmentados, mas sim um todo coeso.

Selecione textos expositivos sobre o tema estudado, como verbetes de enciclopédias ou artigos de divulgação científica, e proponha que, coletivamente, identifiquem as informações principais e as secundárias e as sublinhem com cores diferentes. Em seguida, façam uma síntese do texto lido a partir do sublinhado, articulando as informações principais e secundárias.

Destaque que a preparação do seminário é uma etapa fundamental, uma vez que seleciona o conteúdo a ser apresentado.

Proponha que cada grupo retome os materiais selecionados e que juntos identifiquem as informações principais e secundárias, produzindo sínteses que serão utilizadas como base para a apresentação.

Etapa 6: colocando tudo em ordem

Schneuwly e Dolz (2004, p. 220-221) descrevem as seguintes fases para a construção interna do gênero:

• Fase de abertura: o expositor toma contato com o público, se apresenta e legitima sua fala. É o momento em que o expositor toma o lugar do especialista.

• Fase de introdução ao tema: há a apresentação e delimitação do assunto a ser apresentado. Fase importante para que o expositor capte a atenção do público.

• Apresentação do plano de exposição: é explicitado o planejamento realizado e o produto a ser apresentado.

• Desenvolvimento e encadeamento dos temas: deve corresponder ao plano apresentado (quando se expõe propriamente o tema trabalhado).

• Fase de recapitulação e síntese: são retomados os principais pontos e se prepara os ouvintes para a conclusão.

• Conclusão: é transmitida uma mensagem final.

• O encerramento: são realizados os agradecimentos ao público, à atenção e à participação de todos.

Proponha atividades para trabalhar principalmente as fases de abertura e de encerramento, as quais, muitas vezes, recebem pouca atenção no planejamento do seminário, mas têm função importante na definição da situação comunicativa e nos papéis que serão desempenhados. Levante com os alunos diferentes possibilidades para iniciar e/ou encerrar o seminário como:

"Bom dia, meu nome é .... e hoje vou apresentar as pesquisas sobre .... que meu grupo e eu fizemos."

"Boa tarde, colegas! Meu grupo e eu realizamos uma pesquisa sobre....... e hoje gostaríamos de apresentar as informações mais importantes. Caso tenham dúvidas durante a apresentação, podem fazer perguntas."

"Agradeço a atenção de vocês e espero ter apresentado novas informações, e que vocês tenham aproveitado."

"Agradeço a participação de todos e espero que todos tenham aprendido tanto quanto nós que preparamos esse seminário."

ETAPA 7: ORGANIZANDO OS RECURSOS VISUAIS

O grupo deve agora decidir que recursos utilizará durante o seminário, se um cartaz, uma ilustração, música, filme etc. e em que momentos do seminário o fará.

Importante que compreendam que esses recursos devem contribuir para que a audiência compreenda melhor o tema e que não se tratam apenas de "enfeites", mas que são partes integrantes do seminário.

Disponibilize tempo para que produzam esses recursos. No caso de utilizarem cartazes, oriente os alunos quanto ao tamanho das letras e das figuras, que devem ser visíveis para a plateia.

ETAPA 8: COMO APRESENTAR? VAMOS ENSAIAR?

Nessa etapa, os grupos deverão organizar o seminário, reunindo tudo o que foi trabalhado e dividindo as tarefas entre os componentes. Oriente para que façam o planejamento do seminário identificando as fases e quem será o responsável por cada uma delas.

Solicite que revisem as sínteses que realizaram e que serão utilizadas no desenvolvimento do seminário. Reserve um tempo para que ensaiem suas falas. Seria interessante a elaboração coletiva de uma pauta de revisão com os itens mais importantes, como o exemplo a seguir, que pode ser utilizada pelos componentes do grupo, durante o ensaio ou pela audiência para avaliar a apresentação dos colegas.

Na abertura, apresentamos o grupo e falamos sobre qual tema seria o seminário?	( ) sim	( ) não
Fizemos uma introdução para dizer como seria o seminário?	( ) sim	( ) não
Falamos as informações principais sobre o tema?	( ) sim	( ) não
Encerramos nosso seminário agradecendo ao público?	( ) sim	( ) não
Usamos a linguagem adequada para o seminário?	( ) sim	( ) não
Falamos alto suficiente para que todos pudessem ouvir?	( ) sim	( ) não
	( ) sim	( ) não
	( ) sim	( ) não

ETAPA 9: APRESENTAR, OUVIR E APRENDER

Chegou o dia do seminário! Mas, além da preparação para a exposição oral, o projeto também objetiva a formação dos ouvintes. Durante o seminário, espera-se que a audiência mantenha-se atenta ao que o expositor apresenta, tome notas das informações mais importantes e questione quando tiver dúvida; enfim, que tenha uma postura participativa. Converse com a turma sobre essa postura e proponha que, durante a apresentação dos colegas, eles tomem notas e/ou formulem perguntas.

Você pode propor, ao final dos seminários, que utilizem as notas tomadas para realizar uma grande síntese sobre o tema estudado.

Talvez seja mais produtiva a apresentação de um número limitado de seminários por dia. Esse número dependerá do perfil da turma e do tempo de atenção e concentração dos alunos. Estipule esse número a partir do seu conhecimento da turma.

PROJETO 2: SARAU POÉTICO: POEMAS, SONS, CORPO E MOVIMENTO

Objetivo comunicativo

• Apresentar um sarau poético para a comunidade escolar no qual serão compartilhados os poemas lidos e apreciados pela turma no decorrer do projeto.

Objetivos didáticos

• Diferenciar poema de outros gêneros textuais trabalhados.

• Discutir os sentidos de palavras e expressões desconhecidas nos poemas trabalhados, tendo em vista a ampliação do vocabulário.

• Selecionar poemas tendo em vista a composição de um repertório para o sarau de poesias.

- Identificar o ritmo e as rimas presentes nos poemas.
- Perceber que as palavras têm ritmo e representá-lo a partir de sons corporais.
- Realizar formas variadas de leitura dos poemas, experimentando o ritmo e a sonoridade das palavras, através da expressão corporal.
- Perceber que algumas palavras se aproximam em som e sentido.
- Escrever poemas e compartilhar com os colegas através de declamação.

Fundamentos teóricos

Os modos de expressão poética populares estão presentes em todos os grupos sociais, inclusive no das crianças desde o nascimento. As crianças brincam e divertem-se com ditos populares, adivinhas, parlendas, acalantos, trava-línguas, cantigas de roda e de ninar, que são transmitidas por meio da tradição oral de geração em geração, contribuindo com o desenvolvimento da linguagem das mesmas. Isso significa que a experimentação poética inicia-se desde a mais tenra idade, quando, por exemplo, a mãe cantarola cantigas de ninar para o bebê dormir, quando os avós ensinam parlendas para os netos, quando as crianças aprendem versos com os irmãos mais velhos, entre outras tantas práticas sociais de linguagem que poderiam ser elencadas. Desse modo, a criança cresce familiarizada com a linguagem lúdica e simbólica das formas poéticas de expressão popular, ampliando, de modo crescente, seu repertório linguístico.

A poesia faz parte do cotidiano e encontra-se em permanente diálogo com o universo infantil. Em função de tal diálogo, muitos autores contemporâneos têm procurado nesse tipo de composição poética inspiração para escritas de poemas destinadas ao público infantil. Conforme Sorrenti (2007), tais obras poéticas têm como objetivo levar as crianças a descobrirem o que se encontra a sua volta, permitindo-lhes a experimentação de novas vivências. Ao analisar obras de poesia infantil, a autora destaca que tais poemas apresentam um viés lúdico marcante e encontram-se diretamente relacionados com as brincadeiras infantis. Afirma ainda que as crianças têm capacidade para vivenciar poeticamente o conhecimento e o mundo, cabendo à escola a criação de estratégias de incentivo à criatividade, à intuição e ao ludismo, despertando-lhe a sensibilidade. Por essa razão, é imprescindível que o contato das crianças com o universo poético também continue sendo prazeroso e estimulante, a partir do momento em que as mesmas iniciam o processo de escolarização inicial. Não basta apenas que a obra possua um viés lúdico, é preciso que a professora possibilite, no contexto da sala de aula, a experimentação e a vivência dos textos poéticos a partir da leitura compartilhada com as crianças. Para tanto, torna-se fundamental que o trabalho em sala de aula seja iniciado pela sensibilização dos alunos pela e para poesia a partir de uma clara intenção comunicativa e articulada a um projeto didático planejado e compartilhado de modo coletivo com o grupo interessado.

A partir de suas pesquisas Frantz (2005), é possível afirmar que são os elementos sonoros (plano fonético) que chamam inicialmente a atenção dos alunos quando os mesmos ouvem ou leem um poema. Isso ocorre porque a poesia estimula as crianças a viverem a fantasia, a soltarem a imaginação, a sentirem a realidade de maneira especial, buscando sentido no que as rodeia – de modo simbólico, lúdico e criativo. Os recursos sonoros são muito utilizados na escrita de poemas para crianças, tendo em vista que as mesmas apreciam a brincadeira, principalmente quando são estimuladas a lerem em voz alta, a dramatizarem os poemas, a marcarem o ritmo dos poemas com palmas, instrumentos de percussão, entre outros. A leitura, nesse caso, pode ser entendida como uma excelente estratégia para percepção das sonoridades e das características marcantes do gênero literário em questão.

É importante lembrar que são esses elementos sonoros que aproximam a criança do universo poético desde o nascimento. Tratando-se do trabalho na escola com o gênero textual poema, é importante que não haja uma cisão entre as experiências vivenciadas na vida cotidiana das crianças e as práticas escolares, mas um produtivo diálogo. A partir de tal colocação, é relevante destacar que o desenvolvimento da apreciação poética nos anos iniciais do Ensino Fundamental não está, de forma alguma, relacionado à memorização mecânica dos textos, estudo de regras de metrificação e dos elementos sonoros (rima, repetição, assonância, aliteração, onomatopeia). O mais importante é o exercício de ler, de ouvir e de produzir poemas na companhia da professora e dos colegas de turma. Os poemas infantis têm como característica marcante a presença de onomatopeias, aliterações, compassos curtos, repetições de vocábulos e rimas, os quais possibilitam que as crianças joguem e brinquem de modo divertido com as palavras. Para Baldi (2009), os poemas despertam o interesse das crianças justamente porque elas se deixam envolver e fascinar pela rima, pelo ritmo e sonoridade, participando do jogo de palavras proposto pelo poeta.

Trabalhar por meio de tais percepções (sem ênfase em classificações) constitui, sem dúvida alguma, um trabalho muito mais produtivo do que deter-se em contagens sobre o número de verbos, número de substantivos, número de adjetivos etc. Conforme Souza (2007), em tal perspectiva pedagógica, o trabalho com poemas não deve ser apresentado exclusivamente como uma tarefa didática, mas como momento de lazer, de alegria e emoção. Em virtude disso, conforme afirma a mesma autora, os momentos de discussão a respeito dos poemas não devem ter o compromisso preponderante com um direcionamento interpretativo, mas com a livre-expressão do que os mesmos despertam nos leitores (sentimentos, emoções, percepções e sensações). Por essa razão, o trabalho com poemas deve ter como foco o exercício da imaginação, da fantasia, da criatividade, ao mesmo tempo em que apresenta ao aluno a vida de forma lúdica, poética e livre.

O relevante é que os alunos possam experimentar os poemas, lendo-os e recriando-os a partir de outras linguagens. A finalidade do trabalho com poemas, conforme a referida autora, é o de despertar o imaginário do grupo, provocar/estimular emoções e imagens a partir das leituras realizadas. Por esse motivo, é importante ler para os alunos um grande número de poemas, de variados autores e obras, para somente depois começar a despertar a atenção dos alunos para as formas peculiares com que cada texto foi escrito, auxiliando-os a descobrirem os modos como os poemas foram construídos. Essa perspectiva de trabalho possibilita a interação das crianças com o objeto de conhecimento e desperta o interesse das mesmas em relação aos textos que estão sendo trabalhados. É importante que as leituras de poemas realizadas durante o projeto constituam-se enquanto referenciais para que os alunos escrevam os seus próprios textos poéticos. A leitura de poemas, em tal perspectiva, passa a comportar a possibilidade de participação no texto, de diálogo com o autor, de descoberta, de fruição e, sobretudo, de expressão por meio da participação ativa dos alunos. Além disso, ler em voz alta, conforme Lerner (2002), passa a adquirir sentido porque se constitui em um veículo de comunicação significativo para o coletivo da turma. As crianças passam a querer ler bem em voz alta, não somente porque a professora considera importante, mas para se comunicarem com o público ouvinte, passando a ensaiar repetidas vezes até atingirem os resultados desejados. Desse modo, o aluno que lê os textos em versos torna-se autor através de seu próprio desempenho vocal, ao sentir em seu próprio corpo o poema.

Em suma, a finalidade do trabalho com poemas em sala de aula é o exercício de desenvolvimento da capacidade criadora dos alunos por meio da leitura, da escuta, da oralidade e da produção de texto. Para tanto, não basta somente aproximar os alunos dos textos poéticos, mas é fundamental que a professora atue enquanto mediadora ativa, enquanto interlocutora mais experiente do grupo. Desse modo, a docente será a grande motivadora do encontro entre os alunos e os textos poéticos, contribuindo indefectivelmente com o prazer das crianças pela leitura de poemas.

Etapas do projeto

As propostas apresentadas na sequência de atividades devem ser desdobradas em outras tarefas que você julgar conveniente, tendo como foco o desenvolvimento do prazer dos alunos pela leitura/escrita de poemas e o correlato desenvolvimento da expressão corporal e vocal dos mesmos para realização de um sarau poético. A sequência proposta tem como objetivo servir de inspiração para que você possa elaborar as suas próprias atividades, tendo em vista o projeto de sua turma. Além da obra *Tantos barulhos*, escrita por Caio Riter, escolhida como material literário disparador do projeto em questão, você também deve selecionar outras obras para compor o projeto, mediante as sugestões das crianças, da bibliotecária da escola, de preferências pessoais e também indicações realizadas no presente livro. É importante que as atividades propostas envolvam sempre a sensibilização dos alunos, o diálogo a respeito dos poemas lidos (percepções, sensações e apreciações) e a produção. Na produção é enfocada a leitura e a expressão corporal, assim como as atividades de escrita envolvendo a (re)criação dos poemas lidos e a escrita de autoria. Como inspiração para o planejamento de práticas envolvendo o trabalho sonoro, sugerimos a leitura da obra: SCHAFER, M. *O ouvido pensante.* São Paulo: Unesp, 2011.

ETAPA 1: Apresentação da proposta do projeto às crianças e discussão coletiva do plano de trabalho, incorporando sugestões do grupo. Conversa a respeito do objetivo comunicativo da proposta e seus respectivos objetivos didáticos. Planejamento da culminância do projeto. Divisão dos grupos de trabalho. Definição do funcionamento dos grupos e dos registros que deverão ser realizados nos portfólios individuais. Planejamento de um cronograma de realização das atividades que serão desenvolvidas no decorrer do trabalho. Todo o planejamento será registrado por um grupo responsável. Posteriormente, os alunos terão a incumbência de elaborar cartazes com todos os dados do projeto, funções específicas de cada grupo de trabalho e cronograma.

Etapa 2: A obra desencadeadora do projeto é o livro de poemas intitulado *Tantos barulhos*, escrito por Caio Riter e ilustrado por Martina Schreiner. O livro é um convite à diversão, pois os poemas apresentam ritmos variados e possibilidades de um trabalho criativo envolvendo *performance* vocal e expressão corporal. Preparação do ambiente: estender o tapete de leitura (confeccionado com as crianças para os momentos de leitura individual e/ou compartilhada em sala de aula) e distribuição das almofadas. A proposta inicia com a audição de algumas canções do CD *Música de brinquedo*, do Grupo Pato Fu. A intenção é a de chamar a atenção dos alunos em relação aos sons produzidos pelos instrumentos de brinquedos utilizados pela banda. Trata-se de um exercício inicial de percepção sonora, no qual a professora incentiva os alunos a levantarem hipóteses a respeito de quais são os brinquedos que estão sendo utilizados para produção dos sons musicais e também estimula os mesmos a produzirem sons semelhantes utilizando instrumentos de percussão produzidos com material reciclável. Distribuem-se folhas de papel A3 e canetões de hidrocor para os alunos representarem os sons ouvidos através de desenhos. A partir da realização dos desenhos, a professora solicita que os alunos em grupos escrevam palavras que sejam representativas dos sons desenhados – produção de onomatopeias. Ao final da proposta, os alunos apresentam as onomatopeias. A turma emite coletivamente os sons apresentados em forma de onomatopeias pelos grupos, a professora faz a gravação em áudio e expõem-se os trabalhos em um varal na sala de aula. Os alunos coletivamente, orientados pela professora, escrevem convites (intenção comunicativa) para os colegas de outras turmas visitarem o "varal dos sons" (textualização da sala de aula), solicitando a confirmação da visita e disponibilidade de horários. A partir das respostas recebidas, é elaborado coletivamente um cronograma de horários de visitação, xerocado e entregue nas respectivas turmas convidadas. A ideia é a de que, durante a visita, um grupo relate aos visitantes como foi realizada a proposta. Durante o momento de apreciação dos trabalhos no varal, os convidados também terão a oportunidade de escutar a gravação em áudio das onomatopeias produzidas e também de realizar uma avaliação oral da exposição.

ETAPA 3: Roda de leitura. Apresentação do livro *Tantos barulhos*. Exploração da capa do livro. Leitura coletiva da imagem de capa (personagem e elementos que compõem a cena, relação entre título e ilustração etc.). Exploração do título: Por que tantos barulhos? O que é barulho? Existe alguma diferença entre som e barulho? Quais são os sons que estão sendo representados pela ilustradora na imagem de capa do livro? É possível ouvir os sons produzidos pelos personagens do livro? Propor que os alunos em grupos produzam os sons emitidos pelos personagens que compõem a capa do livro (sons dos instrumentos musicais, do canto da menina, do pássaro e do avião). Cada grupo deverá ficar responsável por apenas um som. Os sons são socializados com o coletivo da turma e a professora realiza a gravação do áudio. No segundo momento, a professora solicita que os alunos emitam todos os sons ao mesmo tempo e realiza novamente a gravação. Forma-se uma roda para audição das gravações. Existe alguma diferença entre os sons isolados (apresentados individualmente) e os sons produzidos em conjunto? É possível distinguir os sons produzidos de modo conjunto? Discutir com as crianças as diferenças entre som e barulho. Retomar o título do livro e a leitura da imagem, tendo em vista as discussões realizadas. Disponibilização de folhas de papel sulfite para os alunos recriarem a capa, incluindo outros personagens produtores de novos sons. Socialização das imagens e arquivamento nos portfólios individuais. Levantamento de dados sobre o autor e ilustradora do livro. Quem conhece o autor? Alguém conhece a ilustradora? Pesquisa no laboratório de informática de dados sobre o autor e ilustradora, seguida de registro inicialmente no caderno e posteriormente em um cartaz para ser exposto na sala de aula.

Etapa 4: Roda de leitura. Distribuição do poema. A professora realiza a primeira leitura do poema para os alunos. Na segunda leitura, explora diferentes intensidades de entonação da voz (rápido, devagar, alto, baixo) e convida a turma para participar da leitura. Divide-se o poema em estrofes. Cada um dos grupos fica responsável pela leitura de uma das estrofes e pela produção do respectivo som descrito na mesma (nariz entupido, barulho do embrulho, som sombrio, choro, pum, riso etc.). Posteriormente, a professora solicita que as crianças voltem ao grupo, criem um modo diferente de leitura do poe-

ma (nesse caso, são disponibilizados instrumentos de percussão produzidos pela turma com sucata) e produzem sons para cada uma das estrofes. Após a finalização do trabalho, os grupos socializam os poemas na sala de aula. Os alunos e professora escolhem, através de votação, uma das apresentações. Toda turma ensaia e apresenta no pátio da escola para as turmas de Educação Infantil.

Tudo tem som
Para Dilan Camargo

Ilustre os sons do poema:

Qual o ruído
    do nariz entupido?

Qual o barulho
    do embrulho do Getúlio?

Qual o som sombrio
   da sombra no rio?

Que ruído tem
   o choro do neném?
Que barulho faz
   o sonho do rapaz?

Que som se escutou
   no sono da vó e do vô?

Tudo faz barulho
tudo ruído provoca.
Tem som o pum do menino
e o riso da velha coroca.

(RITER, 2011, p. 4.)

Etapa 5: Retomada do poema. Conversa com os alunos a respeito do título: Tudo tem som. Vocês concordam com a afirmação de que tudo tem som? Levantamento e registro das observações dos alunos no quadro. Discussão sobre a relação entre o título e o texto do poema. Elaboração em grupos de uma lista de sons e socialização com a turma. Problematização: Se o poema não tivesse um título, de que modo poderíamos nomeá-lo? Realização de uma apreciação coletiva do poema e levantamento das percepções a respeito das palavras do texto que possuem sons semelhantes.

Etapa 6: Leitura da imagem. O que conta a imagem? Existe alguma relação entre a imagem e o texto do poema? Qual seria o som da imagem? Convidar as crianças para produzirem os sons da imagem (o vento, o pássaro cantando, as folhas caindo e o bebê chorando).

Etapa 7: Brincando com palavras. Entregar para os alunos o poema lacunado para que os mesmos possam individualmente completar as estrofes com outras palavras, utilizando como modelo a estrutura proposta pelo autor. Socialização dos poemas recriados pelos alunos e apresentação das estratégias utilizadas para manter a rima.

Qual o ruído
    do _____ entupido?

Qual o barulho
    do _____ do Getúlio?

Qual o som sombrio
   da _____ no rio?

Etapa 8: Variação da atividade. Poema lacunado para os alunos inventarem novas perguntas e completarem a estrofe. Leitura oral dos poemas recriados pelos alunos e apresentação das estratégias utilizadas para manter a rima.

Desafio

Qual a diferença entre ruído, barulho e som?
Pesquise com seus colegas e divirta-se com a recriação do poema.

Qual o ruído
   _____?

Qual o barulho
   _____?

Qual o som sombrio
   _____?

Etapa 9: Explorar com os alunos a última estrofe do poema. Dramatizar coletivamente a estrofe. Completar as lacunas da última estrofe, alterando os personagens e sons produzidos pelos mesmos. Pedir para que as crianças leiam as alterações realizadas.

> **Ilustre os novos sons produzidos por você!**
>
>

Tudo faz barulho
tudo ruído provoca.
Tem som o **pum** do **menino**
e o **riso** da velha coroca.

Tudo faz barulho
tudo ruído provoca.
Tem som _____ do _____
e o _____ da _____ coroca.

ETAPA 10: Apresentar a letra da música *Sopa*, do Grupo Palavra Cantada. Distribuir a letra da canção. Cantar com as crianças. Apresentar o vídeo da canção que se encontra no YouTube. Explorar a melodia da canção. Musicar o poema *Tudo tem som*, a partir da melodia da música em estudo. Trabalho em grupo. Propor que os alunos produzam para a música sons com brinquedos. Cantar o poema com as crianças acompanhado dos sons que foram criados pelas mesmas. Realizar a gravação da atividade em áudio. Apresentar o poema musicado para as turmas do primeiro ano.

ETAPA 11: Propor que os alunos criem outras estrofes com novos sons e rimas, seguindo a estrutura do poema (primeiro individualmente e depois coletivamente). Todas as produções escritas serão socializadas com a turma. Os grupos serão encarregados de digitar (após a revisão do texto) no laboratório de informática as novas estrofes produzidas. As produções serão impressas, apresentadas em um sarau na sala de aula e disponibilizadas para toda turma.

ETAPA 12: Problematização: Questionar os alunos a respeito do destinatário do poema *Tudo tem som*. O que é um destinatário? Quem é o destinatário do poema? Quem serão os destinatários do sarau poético que está sendo preparado pela turma? Explicar para os alunos que, no início do poema, Caio Riter dedicou o seu texto para Dilan Camargo. Indagações: Alguém conhece Dilan Camargo? Quem é Dilan Camargo?

ETAPA 13: Laboratório de informática. Pesquisar na internet com as crianças o site do autor. Realizar a leitura da biografia do autor. Ler para as crianças o livro *O embrulho do Getúlio*, de Dilan Camargo (Editora Scipione, 2004). Questionar os alunos a respeito da relação existente entre o poema que está sendo estudado e o livro lido. Podemos localizar no poema alguma indicação, "pista" da homenagem que Caio Riter está fazendo para Dilan? Conversa com a turma a respeito da dedicatória e da possibilidade de dedicarmos nossos escritos para outras pessoas como forma de demonstração de carinho, admiração etc.

ETAPA 14: Retomada do livro *O embrulho do Getúlio*. Trabalho em grupo. Divisão dos poemas do livro para realização de leitura em grupo. Dramatização do poema para a turma. Registro fotográfico das apresentações. A partir das fotos, planejamento de uma escrita coletiva de uma matéria para o jornal da escola, descrevendo a atividade realizada, sugestões para outras turmas e apreciação crítica da turma.

ETAPA 15: Roda de leitura. Distribuição do poema *As batidas do P*. Exploração dos aspectos rítmicos do poema. Leitura coletiva do poema variando a intensidade dos sons das batidas. Leitura oral do poema pelos grupos. Produção textual em grupo. A professora solicita que os alunos criem poemas com as batidas da letra G, L, M, J, B, Z, seguindo a estrutura proposta pelo autor. Ao apresentarem os poemas, os grupos deverão expor os motivos da escolha de determinadas batidas. Variação da atividade: Solicitar que os alunos insiram onomatopeias (palavras que representam sons) durante a realização da leitura.

As batidas do P

Ilustre as batidas do P

Quais seriam as formas das batidas apresentadas pelo poeta? Plam, Plém, Plim, Plom, Plum...
Ilustre também as batidas criadas por você e seus colegas.

Plam, plam, plam,
venta vento na janela.

Plém, plém, plém,
Soa sino na capela.

Plim, plim, plim,
chuvisco chove no jardim.

Plom, plom, plom,
pinga pingo na panela.

Plum, plum, plum,
bate bota a sentinela.

Plam
   Plém
      Plim
         Plom
            Plum

(RITER, 2011, p. 9.)

ETAPA 16: Roda no pátio da escola. Ouvir algumas canções dos CDs: **Tum pa**, do Grupo Barbatuques. Gravadora: MCD. Ano: 2012; **Corpo do som**, também do Barbatuques. Gravadora: MCD. Ano: 2010. Referência em percussão corporal, o Grupo Barbatuques produz música utilizando o próprio corpo como instrumento. Melodias e diferentes ritmos musicais são criados a partir de efeitos de voz e exploração de sons produzidos pelo corpo humano: palmas, batidas, estalos, mãos e pés em sintonia. Disponibilizar colchonetes para que as crianças possam se deitar, relaxar e ouvir o som. Selecionar com a turma duas canções. Distribuir folhas de papel para que as crianças possam realizar os registros dos sons que foram ouvidos a partir da audição do CD. Indagar as crianças a respeito da origem dos sons ouvidos. Pendurar em um varal as representações gráficas dos sons ouvidos pelos alunos. Desafio: Propor aos alunos que eles transformem os sons dos desenhos em palavras e criem versos para os mesmos. Os versos criados também deverão compor os trabalhos do varal.

ETAPA 17: Assistir com os alunos aos vídeos do grupo musical Barbatuques disponíveis no YouTube. Ensaiar com as crianças algumas tentativas de produção sonora com o próprio corpo: inicialmente em duplas, depois em trios, quartetos e, finalmente, em sextetos, aumentando o volume dos sons produzidos. A tarefa de cada um dos grupos constituídos na turma será a de apresentar o som e o modo como produziu o mesmo. Após o término das apresentações, distribuir o poema *Zumbidos no ouvido* para os alunos e solicitar que os mesmos, inspirados no trabalho do Grupo Barbatuques, criem uma apresentação para o poema.

Zumbidos no ouvido
Zzzzzzzzzzzzzzzzzzzzzz
Vento venta ventanias,
descabela as árvores, quem diria,
vento cheio de manias.

Zzzzzzzzzzzzzzzzzzzzzzzzz
Menino dorme contente,
sonha com a fada dos dentes,
menino valente!

Zzzzzzzzzzzzzzzzzzzzzzzz
Abelha ligeira
Suga néctar na laranjeira.
Abelha trabalhadeira!

Zzzzzzzzzzzzzzzzzzzzzzzzz
Mosquito atrevido
zumbe em meu ouvido.
PLAFT!

(RITER, 2011, p. 28.)

Novos zumbidos...

Você conhece outros zumbidos? Quais são? Quem emite tais zumbidos? Faça a leitura em voz alta do poema alterando os zumbidos propostos pelo poeta. Divirta-se com os colegas de seu grupo.

ETAPA **18:** Detetives dos sons. Realizar com as crianças um levantamento de sons: sons do corpo, sons da natureza, sons do recreio, sons do trânsito, sons do pátio da escola, sons da cozinha, sons da sala de aula, sons dos animais etc. Passear com as crianças pelo pátio da escola e gravar diferentes sons. Ao chegar à sala de aula, transformar os sons em desenhos.

Ouvir os sons e transformar coletivamente os sons em onomatopeias. Sugerir que as crianças pesquisem sons em suas casas (detetives dos sons) e façam o registro dos mesmos através de desenhos e onomatopeias. Organizar uma roda em sala de aula para que as crianças possam apresentar os sons, sem contar qual é a origem dos mesmos. A tarefa dos colegas é a de descobrir de onde se originam os sons apresentados. Fazer uma listagem de sons com as suas respectivas representações gráficas, onomatopeias e desenhos. Produção de texto individual: Escolher um tipo de som e escrever um poema. A escrita dos poemas será acompanhada pela professora que irá auxiliar os alunos no processo. Elaboração de um livro digital no laboratório de informática com os poemas da turma.

ETAPA **19:** Atividade coletiva. Elaboração de um jogo de memória dos sons com as suas respectivas imagens. Enviar para as turmas de Educação Infantil os jogos produzidos em sala de aula.

ETAPA **20:** Detetive visual. Investigue e descubra com seus colegas de grupo quem comeu o que estava servido nos pratos. Explosão de ideias. Levantamento de hipóteses com os alunos. Escrita de um poema coletivo a partir da imagem e das hipóteses levantadas durante o processo investigativo.

ETAPA **21:** Leitura compartilhada do poema *Esfomeados*. Comparação entre o poema produzido coletivamente a partir da imagem e o texto do poeta que originou a produção da ilustração. A professora deve chamar a atenção dos alunos para o tamanho da fonte utilizada pelo autor para representar a mordida dos personagens. Propor que as crianças pensem em outros insetos, animais ou pessoas e representem suas respectivas mordidas.

Esfomeados
Nhac!
Travessa traça olha pro céu,
    e rói todo o papel.

Nhac!
Nhac!
Guloso gafanhoto, bicho maroto,
    devora todos os brotos.

Nhac!
Cachorro não chora, não late,
    come torta de chocolate.

Nhac!
Gigantesco gigante Golias
    engole cento e dez melancias.

Nhac!
Engole mais cento e uma.

(RITER, 2011, p. 24.)

Quem poderia ser esse personagem?

ETAPA 22: Selecionar com os alunos os poemas que serão apresentados no sarau. Deverão compor o repertório os poemas que constam no livro digital produzido pela turma no laboratório de informática (poemas apreciados pela turma, recriados e de autoria). Ao término da votação, os poemas serão distribuídos nos grupos para que as crianças possam iniciar os ensaios. Serão formadas equipes para realização da divulgação do sarau (preparação de cartazes, convites, autorizações e solicitações), realização de pesquisa sobre a organização de um sarau, produção sonora, produção do figurino, preparação do palco, elaboração do protocolo de recepção dos convidados e documentação do processo de ensaio.

Produto final

A culminância do projeto será a apresentação do sarau poético para comunidade escolar e do livro digital produzido pelas crianças.

Documentação

A documentação do projeto será realizada por meio de registros escritos da professora (relato de observações a respeito do desenvolvimento cognitivo das crianças, participação, hipóteses, confronto de ideias etc.), gravação em áudio e vídeo (dos ensaios, das apresentações, das leituras e experimentações realizadas durante o processo de operacionalização do projeto). Além disso, será produzido um livro digital com poemas de autoria dos alunos, poemas apreciados pela turma e poemas recriados. Os poemas do livro serão apresentados em um sarau poético para comunidade escolar.

Avaliação

A avaliação ocorrerá a partir do acompanhamento individual e coletivo dos alunos (leituras, produções textuais, recriações de poemas, e portfólio individual) mediante a verificação do desenvolvimento cognitivo dos mesmos em relação aos objetivos apontados como referência para a operacionalização do projeto.

Muitos outros projetos podem ser elaborados a partir deste modelo/do modelo acima descrito. O importante é que o professor organize de forma planejada em primeiro lugar a situação comunicativa, em seguida as aprendizagens que os alunos terão, quais etapas serão desenvolvidas e em quanto tempo acontecerão.

Cada uma das etapas deve estar completamente relacionada ao produto final a ser produzido e contribuir, de forma significativa para que esse produto seja elaborado da melhor forma possível, proporcionando assim o desenvolvimento de habilidades e competências.

3.3.4 Atividades de sistematização

São atividades que não estão relacionadas diretamente a uma sequência didática ou a um projeto, mas que são destinadas à sistematização de conhecimentos adquiridos. Como afirma Lerner (2002), "guardam sempre uma relação direta com os propósitos didáticos e com os conteúdos que estão sendo trabalhados, porque permitem justamente sistematizar os conhecimentos linguísticos construídos através de outras modalidades organizativas".

São propostas que podem auxiliar o trabalho do professor no sentido de reforçar e retomar conteúdos trabalhados e possibilitar que os alunos que eventualmente tenham apresentado alguma dificuldade durante o processo possam ter outras oportunidades de aprendizagem.

Seguem algumas sugestões de atividades de sistematização:

ATIVIDADE DE SISTEMATIZAÇÃO 1
Eixo: Análise e reflexão sobre a língua: aprendizagem do sistema da escrita e ortografia.

Objetivo: Dominar relações entre grafemas e fonemas e as convenções ortográficas.

Habilidade trabalhada: Conhecer e sistematizar regularidades morfológicas para o emprego do grafema **S** na representação do fonema /z/ nos sufixos – **ESA** e **ES**, formadores adjetivos que indicam o lugar de origem.

Sobre a atividade: Os alunos serão desafiados a descobrir, a partir da análise de um grupo de palavras a regularidade morfológica para a escrita de adjetivos que indicam o lugar de origem. Depois que descobrirem, deverão ampliar a lista com exemplos que possam comprovar as descobertas feitas.

Orientação para o trabalho: Apresente a lista de palavras no quadro e peça que os alunos observem o que há de comum entre elas.

inglesa	japonês	albanês
irlandesa	senegalês	francesa
inglês	senegalesa	albanesa
japonesa	francês	irlandês

Eles podem dizer que todas são palavras que indicam o lugar de origem (são palavras que dizem onde a pessoa nasceu ou onde o objeto foi feito) ou mesmo dizer que há um grupo de palavras que termina em **es** e um grupo que termina em **esa**.

Proponha, então, a organização dessas palavras numa tabela como a seguir. Peça que pesquisem os locais de origem, caso não conheçam (é interessante incluir locais não muito conhecidos para tornar a atividade mais interessante e desafiadora).

LUGAR DE ORIGEM	MASCULINO	FEMININO
FRANÇA	FRANCÊS	FRANCESA
ALBÂNIA	ALBANÊS	ALBANESA
SENEGAL	SENEGALÊS	SENEGALESA
JAPÃO	JAPONÊS	JAPONESA
INGLATERRA	INGLÊS	INGLESA
IRLANDA	IRLANDÊS	IRLANDESA

Questione os alunos com relação às palavras da terceira coluna. Que dúvidas uma pessoa que precisasse escrevê-las poderia ter? (provavelmente respondam que ficariam em dúvidas se deveriam escrever com **s** ou com **z**).

Ajude-os a observar que o masculino termina em s e que, ao acrescentar-se o a (desinência de feminino) para formar o feminino, esse s fica na posição intervocálica (entre duas vogais), contexto no qual assume o valor sonoro /z/.

Proponha que juntos construam uma regra que ajude as pessoas a escreverem corretamente palavras como essas, terminadas em **esa** e que se referem ao local de origem de pessoas e de objetos.

Escreva a regra construída num cartaz e solicite que os alunos pesquisem outras palavras escritas da mesma forma, para validar a regra descoberta.

Você pode ampliar essa atividade, sistematizando a descoberta feita, com uma proposta de completar frases como no exemplo abaixo:

• A nadadora _____ venceu a competição de 100 metros rasos (da Inglaterra).

• Encontrei minha amiga _____ no museu ontem à tarde (de Portugal).

• Ontem, assisti ao jogo da seleção _____ de futebol (da China).

• Minha amiga e eu fomos ao novo restaurante no domingo. A decoração é muito bonita e eles servem uma deliciosa comida _____ (da Tailândia).

Atividade de sistematização 2

Nome: OUÇA COM ATENÇÃO E COMPLETE O QUE FALTA.

Eixo: Análise e reflexão sobre a língua: aprendizagem do sistema da escrita e ortografia.

Objetivos gerais: Dominar relações entre grafemas e fonemas e as convenções ortográficas.

Habilidades trabalhadas: Sistematizar regularidades morfológicas para o emprego da letra **U** para representar a semivogal u em ditongos no final de verbos flexionados na terceira pessoa do singular do pretérito perfeito do indicativo.

Sobre a atividade: Os alunos deverão completar um texto lacunado, do qual foram retirados todos os verbos no pretérito flexionados na terceira pessoa do singular.

Orientações para o trabalho: Antes de iniciar a atividade retome com os alunos a regularidade descoberta para a escrita correta dos verbos no pretérito (relembre que, mesmo não pronunciando o **u** final, devemos escrevê-lo).

Faça a leitura em voz alta, sem se deter, porém, nas palavras que faltam. Leia de forma contínua e com entonação e inflexão adequadas e peça que os alunos acompanhem atentamente a leitura e completem as palavras que faltam.

Atividade do aluno

Acompanhe a leitura que seu professor fará e complete as palavras que estão faltando. Mas, lembre-se de que nem sempre podemos escrever da forma como falamos.

A ADIVINHA DO AMARELO

Um rei tinha uma filha tão inteligente que decifrava imediatamente todos os problemas que lhe davam. _____ com essa habilidade, muito orgulhosa, e disse que se casaria com o homem que lhe desse uma adivinhação que ela não descobrisse a explicação dentro de três dias. Vieram rapazes de toda parte e nenhum conseguiu vencer a princesa que _____ matar os candidatos vencidos.

Bem longe da cidade morava uma viúva com um filho amarelo e doente, parecendo mesmo amalucado. O amarelo _____ em vir ao palácio do rei apresentar uma adivinha à princesa, apesar de rogos de sua mãe que o via degolado como sucedera a tantos outros.

Saiu ele de casa trazendo em sua companhia uma cachorrinha chamada Pita e um bolo de carne, envenenado, que lhe dera sua própria mãe. _____, _____, _____, até que desconfiando do bolo o deu à Pita. Esta morreu logo. O amarelo, muito triste, _____ a cachorrinha no meio do campo e os urubus desceram para comê-la. Sete urubus morreram também. O amarelo com fome, _____ com uma pedra em uma rolinha, mas _____ e _____ uma asa branca. Apanhou-a e sem deixar de andar ia pensando como podia comer sua caça quando _____ uma casinha. Era uma capela abandonada há muitos anos. O amarelo _____ e aproveitando a madeira do altar fez uma fogueira e _____ o pássaro, almoçando muito bem. Ao sair, viu que descia na água do rio um burro morto, coberto de urubus. Estando com sede, _____ um pé de gravatá, com água nas folhas e bebeu a fartar. Quase ao chegar à cidade _____ em um jumento que escavava o chão com insistência. O amarelo foi cavar também e descobriu uma panela cheia de moedas de ouro. Chegando à cidade, _____ o palácio do rei e disse que tinha uma adivinhação para a princesa. Marcaram o dia, e o amarelo, diante de todos, disse:

Saí de casa com massa e Pita

A Pita _____ a massa

E a massa _____ a Pita

Que também a sete _____

Atirei no que vi

Fui matar o que não vi

Foi com madeira santa

Que assei e comi

Um morto, vivos levava

Bebi água, não do céu

O que não sabia a gente

Sabia um simples jumento

Decifre para seu tormento

    A princesa pediu os três dias para decifrar e o amarelo _____ residindo no palácio, muito bem tratado. Pela noite, a princesa _____ uma criada sua, bem bonita, tentar o amarelo para que lhe dissesse como era a adivinhação. O amarelo compreendeu tudo e foi logo dizendo:

— Só direi se você me der a sua camisa.

Vai a moça e deu a camisa ao amarelo, que contou muita história mas não _____ a adivinhação. A princesa, vendo que a criada nada conseguira, _____ a segunda e houve a mesma cousa, ficando o amarelo com outra camisa. Na última noite, a princesa _____ o amarelo para saber o segredo. O rapaz pediu a camisa e a princesa não teve outro remédio senão a entregar. No outro dia, diante da corte, a princesa _____ a adivinhação:

— Massa era o bolo que a cachorra Pita matou porque comeu e foi morta pelo bolo, matando envenenados os sete urubus. A rolinha escapara da pedrada, mas a asa branca morrera sem que o caçador a tivesse visto. Assou-a com madeira que guardara a hóstia santa. Um cadáver de burro levava, rio abaixo, uma nuvem de urubus vivos. A água que se conservava entre as folhas do gravatá, matara a sede do amarelo. O que não sabia o povo inteligente, sabia um jumento que cavava ouro ao pé de uma árvore.

Era tudo. Bateram muitas palmas, mas o amarelo disse logo:

— O fim dessa adivinha é fácil e eu _____ dizer logo, antes que morra degolado!

— Quando neste palácio entrei
Três rolinhas encontrei
Três peninhas lhes tirei
E agora mostrarei...

E foi puxando a camisa da primeira criada e mostrando. Fez o mesmo com a da segunda. Quando tirou a camisa da princesa, esta correu para ele, dizendo: — Não precisa mos-

trar a terceira pena! Eu disse a adivinhação porque você me
_____, e me _____ porque é meu noivo...
Casaram e foram muito felizes.
(CASCUDO, L.C. *Literatura oral no Brasil* [Disponível em http://www.jangadabrasil.com.br/dezembro/im41200b.htm – Acesso em 06/07/2014]).

Versão do professor

A ADIVINHA DO AMARELO

Um rei tinha uma filha tão inteligente que decifrava imediatamente todos os problemas que lhe davam. Ficou com essa habilidade, muito orgulhosa, e disse que se casaria com o homem que lhe desse uma adivinhação que ela não descobrisse a explicação dentro de três dias. Vieram rapazes de toda parte e nenhum conseguiu vencer a princesa que mandou matar os candidatos vencidos.

Bem longe da cidade morava uma viúva com um filho amarelo e doente, parecendo mesmo amalucado. O amarelo teimou em vir ao palácio do rei apresentar uma adivinha à princesa, apesar de rogos de sua mãe que o via degolado como sucedera a tantos outros.

Saiu ele de casa trazendo em sua companhia uma cachorrinha chamada Pita e um bolo de carne, envenenado, que lhe dera sua própria mãe. Andou, andou, andou, até que desconfiando do bolo o deu à Pita. Esta morreu logo. O amarelo, muito triste, jogou a cachorrinha no meio do campo e os urubus desceram para comê-la. Sete urubus morreram também. O amarelo, com fome, atirou com uma pedra em uma rolinha, mas errou e matou uma asa branca. Apanhou-a e sem deixar de andar ia pensando como podia comer sua caça quando avistou uma casinha. Era uma capela abandonada há muitos anos. O amarelo entrou e aproveitando a madeira do altar fez uma fogueira e assou o pássaro, almoçando muito bem. Ao sair, viu que descia na água do rio um burro morto, coberto de urubus. Estando com sede, encontrou um pé de gravatá, com água nas folhas, e bebeu a fartar. Quase ao chegar à cidade reparou em um jumento que escavava o chão com insistência. O amarelo foi cavar também e descobriu uma panela cheia de moedas de ouro. Chegando à cidade, procurou o palácio do rei e disse que tinha uma adivinhação para a princesa. Marcaram o dia, e o amarelo, diante de todos, disse:

Saí de casa com massa e Pita
A Pita matou a massa
E a massa matou a Pita
Que também a sete matou
Atirei no que vi
Fui matar o que não vi
Foi com madeira santa
Que assei e comi
Um morto, vivos levava
Bebi água, não do céu
O que não sabia a gente
Sabia um simples jumento
Decifre para seu tormento

A princesa pediu os três dias para decifrar e o amarelo ficou residindo no palácio, muito bem tratado. Pela noite, a princesa mandou uma criada sua, bem bonita, tentar o amarelo para que lhe dissesse como era a adivinhação. O amarelo compreendeu tudo e foi logo dizendo:

– Só direi se você me der a sua camisa.

Vai a moça e deu a camisa ao amarelo, que contou muita história, mas não explicou a adivinhação. A princesa, vendo que a criada nada conseguira, mandou a segunda e houve a mesma cousa, ficando o amarelo com outra camisa. Na última noite, a princesa procurou o amarelo para saber o segredo. O rapaz pediu a camisa e a princesa não teve outro remédio senão a entregar. No outro dia, diante da corte, a princesa explicou a adivinhação:

– Massa era o bolo que a cachorra Pita matou porque comeu e foi morta pelo bolo, matando envenenados os sete urubus. A rolinha escapara da pedrada, mas a asa branca morrera sem que o caçador a tivesse visto. Assou-a com madeira que guardara a hóstia santa. Um cadáver de burro levava, rio abaixo, uma nuvem de urubus vivos. A água que se conservava entre as folhas do gravatá matara a sede do amarelo. O que não sabia o povo inteligente, sabia um jumento que cavava ouro ao pé de uma árvore.

Era tudo. Bateram muitas palmas, mas o amarelo disse logo:
– O fim dessa adivinha é fácil e eu vou dizer logo, antes que morra degolado!
– Quando neste palácio entrei
Três rolinhas encontrei
Três peninhas lhes tirei
E agora mostrarei...
E foi puxando a camisa da primeira criada e mostrando. Fez o mesmo com a da segunda. Quando tirou a camisa da princesa, esta correu para ele, dizendo:
– Não precisa mostrar a terceira pena! Eu disse a adivinhação porque você me ensinou, e me ensinou porque é meu noivo...
Casaram e foram muito felizes.
(CASCUDO, Luís da Câmara. *Literatura oral no Brasil* [Disponível em http://www.jangadabrasil.com.br/dezembro/im41200b.htm – Acesso em 06/07/2014]).

ATIVIDADE DE SISTEMATIZAÇÃO 3
Eixo: Leitura (fluência em leitura)
Objetivos gerais: Desenvolver a leitura oral expressiva.
Habilidades trabalhadas: Ler oralmente, preservando seu sentido e manifestando-o por meio da leitura expressiva, textos mais complexos e menos familiares, após a leitura silenciosa e preparação prévia.

Sobre a atividade: Retomar com os alunos o conto "Chapeuzinho Vermelho", apresentar a versão do conto escrita em forma de cordel e propor a leitura oralizada e dramatizada.

Orientações para o trabalho: Para introduzir essa atividade, retome com os alunos o que já aprenderam sobre a literatura de cordel. (Texto poético, com temas variados, como narrativas tradicionais transmitidas oralmente, histórias de amor, de aventura, de assombração, acontecimentos da atualidade, entre outros. Escrito geralmente em forma de redondilha maior (sete sílabas poéticas) e em sextilhas, estrofes com seis versos.)

Apresente o cordel da Chapéu, que conta a história Chapeuzinho Vermelho em forma de cordel. Combine com os alunos que a sala será dividida em grupos (tantos quantas forem as estrofes) e que cada grupo lerá uma estrofe. Discuta como deve ser a entonação e a expressão vocal em cada passagem. Ofereça modelos das diferentes formas de leitura, como, por exemplo:

"Um dia sua mãe lhe disse: (FAÇA UMA PAUSA DANDO UM CERTO SUSPENSE)

– Chapeuzinho vá deixar
Um bolo pra sua avó
Que acabei de confeitar
Mas tenha muito cuidado (USE UM TOM DE ADVERTÊNCIA, AUMENTANDO UM POUCO O VOLUME DA VOZ)
Pra na mata não entrar."

Disponibilize um tempo para que cada grupo ensaie a leitura e discuta os recursos de voz e de entonação que usarão. Circule pelos grupos orientando e dando sugestões, se necessário. Quando todos estiverem prontos, organize a leitura do cordel em voz dramatizada. Se for possível, faça a filmagem da leitura e depois assista com os alunos, analisando a forma como leram. Acertem juntos os pontos que ainda precisarem ser revisados e façam novamente a leitura.

O conto Chapeuzinho Vermelho pode ser encontrado em forma de cordel nos seguintes endereços eletrônicos:

http://www.teatrodecordel.com.br/ep_araraquara.htm
http://blogs.estadao.com.br/estadinho/cordel-da-chapeu/

Atividade de sistematização 4

Nome: QUANTAS SÃO?

Eixo: Análise e reflexão sobre a língua: aprendizagem do sistema da escrita.

Objetivo geral: Desenvolver a consciência fonológica.

Habilidade trabalhada: Identificar palavras em enunciados orais, contando-as.

Sobre a atividade: Inicie essa atividade dizendo aos alunos que você recitará algumas quadrinhas. Você pode encontrar várias quadrinhas em:

http://www.jangadabrasil.com.br/revista/marco100/es1000307.asp

Orientações para o trabalho: Pergunte a eles se conhecem alguma das que você declamou ou se sabem outra quadrinha. Convide os alunos a recitar com você. Você pode dizer um verso de cada vez e pedir que repitam. Quando souberem a quadrinha de cor, proponha que recitem todos juntos.

Num outro momento, retome a quadrinha que memorizaram e proponha o seguinte desafio:

Quem me ajuda a descobrir quantas palavras tem cada um dos versos dessa quadrinha?

Para tornar o jogo mais divertido, você pode confeccionar plaquinhas com números de 1 até o maior número de palavras dos versos da quadrinha que escolher. (Para confeccionar essas plaquinhas, use retalhos de papel cartão ou cartolina, recorte-os da forma que achar melhor e fixe com fita adesiva em palitos de churrasco ou de sorvete.)

O objetivo dessa proposta é a de que os alunos identifiquem as palavras, em frases e textos, como unidades de sentido. Explore bem o gênero e ajude os alunos a memorizar as quadrinhas.

Combine que todos devem recitar o verso e enquanto recitam devem contar mentalmente quantas palavras há. Faça o primeiro verso coletivamente. Quando terminarem de recitar e a um sinal seu, todos devem levantar a plaquinha com o número correspondente à quantidade de palavras do verso.

Se for possível, proponha que memorizem uma das quadrinhas conhecidas por eles. O aluno que sabe a quadrinha pode fazer o seu papel e dizê-la verso a verso para que os alunos a memorizem.

A atividade de contagem de palavras deve ser lúdica e constituir-se num desafio para eles. Cuidado para não propor "apenas" a contagem das palavras. Analise a contagem realizada pelos alunos e, no caso de divergência de respostas, problematize e ajude-os a chegar a um consenso.

As divergências podem ocorrer principalmente na contagem das palavras gramaticais (preposições, artigos, conjunções), as quais, pelo seu baixo valor semântico e por serem palavras pequenas (com duas ou três letras), podem não ser identificadas como palavras.

Fui pro mar colher laranja,
Fruta que no mar não tem,
Vim de lá todo molhado
Das ondas que vão e vem.

Algumas crianças podem defender que no primeiro verso há 4 palavras (fui, promar, colher, laranja). Caso alguma criança tenha contado 5 palavras, peça que explique aos colegas como pensou. Caso todos tenham contado 4, diga que nesse verso tem 5 palavras e desafie-os a encontrar quais são.

Você pode finalizar essa atividade apresentando a quadrinha escrita em um cartaz ou mesmo registrando-a no quadro. Faça uma leitura apontando as palavras e destaque que entre elas há um espaço em branco para separá-las.

Esse jogo pode ser repetido com outras quadrinhas.

ATIVIDADE DE SISTEMATIZAÇÃO 5

Eixo: Análise e reflexão sobre a língua: aprendizagem do sistema da escrita.

Objetivo geral: Desenvolver a consciência fonológica.

Habilidade trabalhada: Identificar palavras com sílaba final iguais em listas enunciadas oralmente.

Sobre a atividade: Diga aos alunos que eles irão jogar um jogo, mas que precisarão, para vencer, prestar muita atenção nas palavras.

Orientação para o trabalho: Prepare cartões com figuras, de preferência de um mesmo campo semântico, animais, por exemplo. Organize os alunos em uma roda e espalhe essas figuras no centro da roda. Diga aos alunos que eles devem ouvir, com atenção, a palavra que você irá dizer e depois devem encontrar a figura do animal que tem o nome com o mesmo final da palavra que você falou e virá-la.

Por exemplo:
Você diz:

Mão	Leão
Telha	Abelha
Bolo	Cavalo
Elegante — e os alunos devem virar o cartão com a figura:	Elefante
Mato	Gato
Rico	Macaco
Morro	Cachorro

Você pode fazer essa proposta, primeiro coletivamente, cuidando apenas para que não sejam sempre os mesmos alunos a responder e, num segundo momento, confeccionar tantos cartões quantos forem o número de alunos de sua turma para que todos possam realizar a atividade. Pode ser uma boa oportunidade para que você avalie o desenvolvimento dessa habilidade. Registre os resultados em uma planilha.

ATIVIDADE DE SISTEMATIZAÇÃO 6
Nome: DESTRAVANDO A LÍNGUA
Eixo: Oralidade
Objetivos gerais: Fazer uso adequado de recursos corporais para potencializar a comunicação; participar da produção oral dos colegas de forma respeitosa e tolerante.
Habilidades trabalhadas: Usar, com gradativa adequação de expressividade, gestos, expressão facial, postura corporal como recursos para prender a audiência e favorecer a compreensão.

Pronunciar bem as palavras e frases, com gradativa aquisição de ritmo, para favorecer a compreensão.

Manter postura corporal adequada durante as falas dos colegas.

Escutar os colegas, respeitando os turnos da fala.

Sobre a atividade: Forme uma roda com os alunos para brincar com trava-línguas. É possível que já conheçam alguns, se conhecerem, peça que falem. Fale você alguns trava-línguas selecionados e proponha que os alunos repitam após você.

Converse sobre as dificuldades de falar sem "tropeçar". Estimule os alunos a perceber qual é o som repetido e como o texto foi construído (com repetições e/ou inversões).

Esta atividade objetiva, principalmente, o trabalho com a produção oral. O gênero escolhido, além de divertido, proporciona o desenvolvimento articulatório dos alunos. Se transposto para a escrita, pode ser uma interessante ferramenta para o trabalho com a alfabetização, já que são textos curtos e com repetição de sons.

Orientações para o trabalho: Proponha, então, um festival de trava-línguas, no qual cada aluno deverá apresentar para os colegas um trava-língua decorado. Você pode selecionar previamente os textos e distribuí-los, ou então pode solicitar que pesquisem em casa e escolham o trava-língua que apresentarão. Há coletâneas desse gênero textual em vários endereços na internet, como em:

http://www.qdivertido.com.br/verfolclore.php?codigo=22
http://www.jangadabrasil.com.br/outubro14/ca14100d.htm
http://www.jangadabrasil.com.br/revista/marco100/es1000309.asp

Diga que cada um deve manter seu trava-língua em segredo para que os colegas só o conheçam no dia da apresentação.

Para preparar as apresentações, você deve trabalhar com os alunos a postura corporal, a entonação e o volume da voz que deverá ser utilizado.

Selecione alguns trava-línguas, diferentes dos escolhidos pelos alunos, para os ensaios. Nesses momentos seja o modelo para os alunos, mostrando a posição corporal adequada para a apresentação. (Corpo ereto, voltado para a plateia, olhar também voltado para os ouvintes.) Module sua voz de acordo com o texto e destaque como a adequada entonação e volume de voz são fundamentais para captar a atenção do ouvinte.

Trabalhe também a postura dos ouvintes, que devem manter-se nos locais e atentos ao que os colegas estão falando. Junto com os alunos levantem os comportamentos que devem ter aqueles que ouvem uma apresentação (manter-se no local, ouvir com atenção, não conversar enquanto o colega apresenta).

Depois, você pode fazer um ensaio no qual todos os alunos repetem o mesmo trava-língua, enquanto os demais ouvem e opinam sobre os aspectos que já estão bons e os que precisam ser ainda melhorados.

Marque o dia do "Festival do Trava-língua". Arrume a sala da forma como achar melhor, ou faça a apresentação em outro local que achar conveniente. Garanta que todos os alunos saibam seu trava-língua de memória solicitando que o declamem para você.

Organize as apresentações da forma como achar melhor. Após todas as apresentações, converse com os alunos para que avaliem as apresentações apontando os trava-línguas mais divertidos, melhor ditos, mais difíceis de serem pronunciados etc.

Vale ressaltar a importância de você apresentar-se como modelo para os alunos. Por essa razão, deve também ensaiar previamente antes de apresentar os trava-línguas escolhidos para que não "tropece" ao fazê-lo.

Além do trabalho com a produção oral, destaque também o comportamento do ouvinte durante as apresentações. Destaque que, ao final da atividade, vocês farão a avaliação, tanto de quem se apresentou como do comportamento dos ouvintes.

Um desdobramento dessa atividade pode ser a apresentação para as famílias ou para colegas de outras classes.

3.4 *Para encerrar a conversa*

A apresentação de modelos de atividades e propostas didáticas neste capítulo objetivou apenas apresentar exemplos de como transpor a teoria para a prática diária de sala de aula. Os professores, a partir da análise e da leitura de seus grupos, podem e devem adaptar, transformar, utilizar em parte ou integralmente cada uma delas.

O mais importante é que possam efetivamente povoar suas salas com textos autênticos, proporcionar o exercício da linguagem em situações comunicativas, nas quais os alunos se preocupem com o contexto de produção e com a melhor forma e conteúdo para transmitir sua mensagem, como de fato fazemos fora da escola.

No próximo capítulo, discutiremos a questão da avaliação no ensino e na aprendizagem de Língua Portuguesa nos anos iniciais do Ensino Fundamental, problematizando algumas tradicionais práticas avaliativas e indicando possibilidades voltadas para aprendizagens mais significativas no seu trabalho em sala de aula.

4
Avaliação

É com muita frequência que nos deparamos, em nosso cotidiano, com situações que envolvem ou necessitam de avaliação. Se vamos a esse ou àquele espetáculo, se escolhemos esse ou aquele produto, se tomamos essa ou aquela decisão importante em nossas vidas, em todas essas ações, estão implícitas avaliações que direcionam as escolhas feitas.

Na escola, a avaliação é condição fundamental para o desenvolvimento do aluno. Avaliação compreendida como o ato de diagnosticar, de entender uma atividade ou experiência para, a partir da avaliação feita, desencadear novas ações de forma a obter cada vez mais e melhores resultados.

Não falamos aqui da avaliação que apenas mede, julga e classifica, separando os alunos em fortes e fracos, bons e regulares, mas da avaliação que busca entender de que forma pensam os estudantes e que estratégias seriam mais eficientes para ampliar suas aprendizagens.

Quando se pensa em avaliação escolar, deve-se pensar em todos os sujeitos do processo: a escola, o professor, os alunos e a família. Como afirmam Marcuschi e Suassuna (2007),

> [...] o aluno: se está se engajando no processo, se está se esforçando para participar das atividades, se está fazendo as tarefas propostas; o professor: se está adotando boas estratégias didáticas, se utiliza recursos didáticos adequados, se mantém boa relação com os

> alunos, se está adotando formas de avaliação coerentes com a proposta pedagógica da escola; a escola: se dispõe de espaço adequado, se administra adequadamente os conflitos, se dá apoio ao professor para resolver os problemas de ensino e de aprendizagem, se oferece oportunidades para os professores discutirem sobre as dificuldades; a família: se garante a frequência escolar dos alunos, se incentiva os alunos a participar das atividades escolares; dentre outras dimensões (MARCUSCHI; SUASSUNA, 2007, p. 16-17).

Encarada dessa forma, a avaliação tem como objetivo, mais do que medir ou mensurar, oferecer subsídios para que educadores promovam cada vez mais melhorias nos processos de ensino e de aprendizagem.

Os instrumentos criados para avaliar devem permitir, como afirma Luckesi (2000), a possibilidade de diagnosticar (configurar a realidade e qualificá-la) e tomar decisões a partir desse diagnóstico (agir sobre a realidade).

A avaliação se inicia pelo estabelecimento de metas ou expectativas de aprendizagem que devem ser traçadas no início do ano letivo e que serão perseguidas pelos educadores ao longo do trabalho.

É fundamental que o educador tenha claro que aprendizagens espera que seus alunos adquiram e as organize de forma objetiva e observável. O que pretendemos dizer aqui é que a avaliação se inicia no momento do planejamento. Quanto mais claras estiverem para o professor quais aprendizagens, habilidades, competências ele deve desenvolver, mais facilmente poderá planejar seu trabalho, desenvolvê-lo e produzir instrumentos que o ajudem a avaliar se essas foram adquiridas por seus alunos.

Para que possamos, então, realizar uma avaliação que forneça indicadores para novas ações, é essencial que se faça uma leitura o mais clara possível da situação, diagnosticando o que os alunos já sabem, o que ainda não sabem, sempre buscando identificar as razões pelas quais ainda não aprenderam determinado conteúdo. Essa leitura da realidade deve ser qualificada, ou seja, deve ser comparada às metas que se pretendia atingir ou aos critérios elaborados previamente para avaliar. Essa qualificação apontará as intervenções necessárias nessa realidade, objetivando sua melhoria e a otimização das aprendizagens.

O objeto da avaliação, ou seja, aquilo que se pretende avaliar é que direciona o tipo de instrumento que será utilizado para avaliar. Ou seja, se pretendemos avaliar a oralidade, devemos fazê-lo através da observação ou da gravação em áudio ou vídeo das produções orais. Quanto mais acertado e pertinente for o instrumento avaliativo, melhor será a interpretação e a leitura dos resultados obtidos e, consequentemente, maiores serão as possibilidades de realizar uma intervenção pós-avaliação assertiva e eficiente.

Qualquer que seja a habilidade ou conteúdo a serem avaliados, alguns aspectos necessitam ser considerados. São eles:

O QUE ESTOU AVALIANDO?

Que conteúdos, habilidades ou objetivos estão sendo avaliados? Quanto mais explicitamente forem elencados, maior clareza terá o professor e a equipe pedagógica envolvida no processo avaliativo.

COM QUAL FINALIDADE OU PROPÓSITO A AVALIAÇÃO SERÁ REALIZADA?

Aqui se devem definir os propósitos da avaliação (que não deveriam ser apenas atribuir uma nota ao final do bimestre ou trimestre letivo). É uma avaliação diagnóstica? Formativa? Para verificação? O que será feito com os resultados?

Que instrumentos serão utilizados?

O objeto da avaliação, isto é, aquilo que está sendo avaliado e os propósitos da avaliação é que definirão os tipos de instrumentos a serem selecionados ou elaborados para avaliar (se avaliações escritas, se observação a partir de pautas, se produções orais ou escritas etc.).

Que critérios de correção serão adotados?

Determinar que aprendizagens deveriam ser alcançadas e de que forma o aluno respondeu. Por exemplo, se atingiu plenamente, parcialmente ou não atingiu o objetivo proposto, descrevendo claramente que comportamentos ou respostas deveriam ter sido dadas para verificar cada um desses critérios. Ou, ainda, se o aluno é capaz de realizar a tarefa ou atividade avaliativa autonomamente, com a ajuda do professor ou de um par mais adiantado ou se não consegue realizar. Esses critérios devem ser construídos coletivamente pela equipe escolar para que todos os alunos, independentemente do professor, possam ter suas respostas qualificadas pelo mesmo parâmetro.

Que decisões serão tomadas depois da avaliação e da apuração dos resultados?

Quais ações serão desencadeadas a partir da análise dos resultados? Será preciso retomar determinado conteúdo? Trabalhar novamente, mas de forma diferente, determinada habilidade? Promover grupos diversificados de trabalho em sala e fora dela?

Considerados esses aspectos, o professor terá maior possibilidade de fazer uma leitura precisa de seu grupo e identificar as potencialidades e saberes ainda a serem desenvolvidos.

Daremos a seguir algumas sugestões de propostas de avaliação e de pautas de observação para cada uma das modalidades da linguagem trabalhadas: oralidade, leitura e produção de texto.

Não se tem a intenção de oferecer modelos, mas apenas de apontar caminhos possíveis nessa difícil tarefa, que é a de avaliar alunos nessa perspectiva mais investigativa.

4.1 Avaliação da oralidade

O trabalho com a oralidade deve proporcionar aos alunos oportunidades nas quais utilizem diversos gêneros do oral, ajustados a diferentes situações de comunicação. Os estudantes devem ser desafiados a planejar o que e como dizer, que registro utilizar e quais recursos expressivos, como tom de voz, gestos, selecionar para tornar sua fala mais eficiente e cumprir o propósito comunicativo.

O professor deverá selecionar, dentre os gêneros do oral, como exemplificado no quadro a seguir, aqueles adequados ao trabalho com a faixa etária do grupo, cuidando para que sejam trabalhadas todas ou a maioria das capacidades de linguagem durante o ano.

Capacidades de linguagem dominantes	Exemplos de gêneros orais
Narrar	Contos, peças teatrais.
Relatar	Relato de experiências vividas, notícias radiofônicas e reportagens.
Argumentar	Textos de opinião, debate regrado, campanhas sociais.
Expor	Seminário, entrevistas.
Descrever ações	Regras de jogo e de brincadeiras, regras de convivência.

Escolhido o gênero, o reconto oral de um conto, por exemplo, o professor pode preparar uma pauta de observação na qual possa ir registrando, conforme os alunos forem realizando a atividade, suas observações e avaliação.

Exemplo 1
• Atividade: "Escolha um conto e peça a ajuda de um adulto para ler para você, até que conheça bem a história e possa contá-la a seus colegas da forma como aprendemos a contar as histórias em sala".
• Avaliação: Construir uma pauta de avaliação como a da tabela 1 (p. 154) e registrar conforme os alunos forem recontando. Essa pauta deve ser previamente socializada com os alunos para que eles próprios tenham e saibam por quais critérios estão sendo avaliados. Também enriqueceria muito o trabalho se a turma pensasse coletivamente novos itens de avaliação e a professora incluísse estes na pauta.

Exemplo 2
• Atividade: "Você e seu grupo devem preparar um seminário sobre o ciclo de vida das plantas, tema que estamos estudando nas aulas de Ciências. Façam a pesquisa, de acordo com o roteiro dado, selecionem as informações, preparem recursos visuais, conforme conversamos em sala e preparem-se para apresentar o seminário no dia ___/___/___".
• Avaliação: Construir uma pauta de avaliação como a da tabela 2 (p. 155) e registrar conforme os grupos forem apresentando os seminários.

Tabela 1 Avaliação da oralidade – Textos da ordem do narrar

Nome do aluno	Conto	Data	Planejou seu reconto?	Produziu um texto com coerência e coesão?	Produziu um texto adequado à situação de comunicação?	Fez usos de recursos expressivos para potencializar seu reconto (gestos e expressões faciais, mudança de entonação)?	Participou da apresentação dos colegas de forma respeitosa e tolerante?
1.			Sim ( ) Não ( ) Parcialmente ( )	Sim ( ) Não ( ) Parcialmente ( )	Sim ( ) Não ( ) Parcialmente ( )	Sim ( ) Não ( ) Parcialmente ( )	Sim ( ) Não ( ) Parcialmente ( )
2.			Sim ( ) Não ( ) Parcialmente ( )	Sim ( ) Não ( ) Parcialmente ( )	Sim ( ) Não ( ) Parcialmente ( )	Sim ( ) Não ( ) Parcialmente ( )	Sim ( ) Não ( ) Parcialmente ( )
3.			Sim ( ) Não ( ) Parcialmente ( )	Sim ( ) Não ( ) Parcialmente ( )	Sim ( ) Não ( ) Parcialmente ( )	Sim ( ) Não ( ) Parcialmente ( )	Sim ( ) Não ( ) Parcialmente ( )

Fonte: Elaborada pelos autores.

Tabela 2 Avaliação da oralidade – Textos da ordem do expor

Grupo	Tema	Data	Planejou o seminário, pesquisando, selecionando as informações pertinentes e dividindo as tarefas para elaboração e apresentação?	Ajustou o registro usado à situação de comunicação?	Elaborou registros escritos para apoiar seu texto oral?	Selecionou recursos impressos ou tecnológicos para ilustrar a fala?	Participou da apresentação dos colegas de forma respeitosa e tolerante?
1.			Sim ( ) Não ( ) Parcialmente ( )	Sim ( ) Não ( ) Parcialmente ( )	Sim ( ) Não ( ) Parcialmente ( )	Sim ( ) Não ( ) Parcialmente ( )	Sim ( ) Não ( ) Parcialmente ( )
2.			Sim ( ) Não ( ) Parcialmente ( )	Sim ( ) Não ( ) Parcialmente ( )	Sim ( ) Não ( ) Parcialmente ( )	Sim ( ) Não ( ) Parcialmente ( )	Sim ( ) Não ( ) Parcialmente ( )
3.			Sim ( ) Não ( ) Parcialmente ( )	Sim ( ) Não ( ) Parcialmente ( )	Sim ( ) Não ( ) Parcialmente ( )	Sim ( ) Não ( ) Parcialmente ( )	Sim ( ) Não ( ) Parcialmente ( )

Fonte: Elaborada pelos autores.

Os exemplos acima são apenas uma das possíveis formas de avaliar e de registrar as avaliações realizadas. O mais importante, no entanto, é que o professor tenha claro o que ensinou e as principais habilidades ou conteúdos que devem ser avaliados para eleger indicadores e, desse modo, desencadear ações que visem à ampliação das aprendizagens.

4.2 Avaliação da leitura

A formação do leitor é uma das tarefas primordiais da escola e requer dos educadores um trabalho constante e sistematizado, que se inicia antes mesmo de o aluno ser capaz de ler autonomamente textos de diferentes gêneros que circulam nas mais diversas esferas de comunicação (doméstica, acadêmica, jornalística etc.).

O trabalho com leitura não deve acontecer apenas nas aulas de Língua Portuguesa, mas nas de todos os demais componentes curriculares a fim de que o aluno desenvolva a competência para lidar com diferentes situações na qual se requeira a leitura.

Para avaliar a leitura não basta apenas solicitar que o aluno responda a uma série de questões logo após ter lido um texto. É muito mais do que isso. É observar se determinados comportamentos e atitudes leitoras estão sendo desenvolvidas. Significa, como afirma Lerner (2002, p. 93),

> [...] capacitar os alunos para decidir quando sua interpretação é correta e quando não o é, para estar atentos à coerência do sentido que vão construindo e detectar possíveis inconsistências, para interrogar o texto buscando pistas que avaliem esta ou aquela interpretação, ou que permitam determinar se uma contradição que detectaram se origina no texto ou num erro de interpretação produzido por eles mesmos.

O trabalho com a leitura pode ser iniciado e avaliado antes mesmo de começar-se a ler o texto escolhido. Habilidades relacionadas à antecipação do tema/conteúdo a ser lido a partir da análise do suporte, do título, do autor devem ser trabalhadas antes da leitura e, consequentemente, podem ser avaliadas para que o professor possa identificar quais delas precisam ainda ser mais fortemente trabalhadas.

Antes da leitura

Sempre que for iniciar a leitura de um texto, seja ele de qual gênero for, procure estimular os alunos a realizar antecipações a respeito do que ouvirão ou lerão.

O professor pode elaborar tabelas de avaliação, nas quais vai registrando suas observações na medida em que trabalha a leitura em sua sala. Alguns aspectos que podem ser avaliados antes da leitura encontram-se na tabela 3 (p. 158).

Durante a leitura

Durante a leitura, seja ela mediada pelo professor ou realizada autonomamente, podem ser trabalhadas e avaliadas habilidades que, mobilizadas, ampliam a competência leitora dos alunos.

A verificação das antecipações realizadas, a construção de sínteses a partir do conteúdo lido, a identificação de pistas que remetem a outros textos e autores são algumas dessas habilidades que devem ser desenvolvidas e avaliadas, conforme exemplifica a tabela 4 (p. 159).

Tabela 3 Avaliação da Leitura – Antes de ler

Nome	Gênero e texto lido	Data da observação	Explicita a mobilização dos conhecimentos prévios relativos ao autor, suporte e tema?	Antecipa o tema ou a ideia principal a partir do título ou de recursos visuais e elementos como epígrafes ou resenhas?	Antecipa partir da formatação do gênero (disposição em colunas, uso de subtítulos etc.)?	Identifica os objetivos da leitura (ler para aprender, para se informar, para deleite etc.)?
1.			Sim ( ) Não ( ) Parcialmente ( )	Sim ( ) Não ( ) Parcialmente ( )	Sim ( ) Não ( ) Parcialmente ( )	Sim ( ) Não ( ) Parcialmente ( )
2.			Sim ( ) Não ( ) Parcialmente ( )	Sim ( ) Não ( ) Parcialmente ( )	Sim ( ) Não ( ) Parcialmente ( )	Sim ( ) Não ( ) Parcialmente ( )
3.			Sim ( ) Não ( ) Parcialmente ( )	Sim ( ) Não ( ) Parcialmente ( )	Sim ( ) Não ( ) Parcialmente ( )	Sim ( ) Não ( ) Parcialmente ( )

Fonte: Elaborada com base no Referencial de Expectativas para o Desenvolvimento da Competência Leitora – Secretaria Municipal de São Paulo.

Tabela 4 Avaliação da leitura – Durante a leitura

Nome	Gênero e texto lido	Lê com velocidade e fluência adequadas?	Confirma ou retifica as expectativas levantadas antes da leitura?	Identifica a ideia principal do texto? Constrói o sentido global?	Procura esclarecer as palavras através da releitura do trecho do texto ou consulta dicionários	Busca informações complementares em outros textos para ampliar sua compreensão?	Identifica o leitor virtual do texto (aquele para quem o texto foi escrito)?
1.		Sim ( ) Não ( ) Parcialmente ( )	Sim ( ) Não ( ) Parcialmente ( )	Sim ( ) Não ( ) Parcialmente ( )	Sim ( ) Não ( ) Parcialmente ( )	Sim ( ) Não ( ) Parcialmente ( )	Sim ( ) Não ( ) Parcialmente ( )
2.		Sim ( ) Não ( ) Parcialmente ( )	Sim ( ) Não ( ) Parcialmente ( )	Sim ( ) Não ( ) Parcialmente ( )	Sim ( ) Não ( ) Parcialmente ( )	Sim ( ) Não ( ) Parcialmente ( )	Sim ( ) Não ( ) Parcialmente ( )
3.		Sim ( ) Não ( ) Parcialmente ( )	Sim ( ) Não ( ) Parcialmente ( )	Sim ( ) Não ( ) Parcialmente ( )	Sim ( ) Não ( ) Parcialmente ( )	Sim ( ) Não ( ) Parcialmente ( )	Sim ( ) Não ( ) Parcialmente ( )

Fonte: Elaborada com base no Referencial de Expectativas para o Desenvolvimento da Competência Leitora – Secretaria Municipal de São Paulo.

Depois da leitura

Os leitores, principalmente aqueles mais frequentes, geralmente ao final de uma leitura sentem prazer em compartilhar suas impressões sobre o que leram com outras pessoas, preferencialmente leitores, para simplesmente trocar impressões, ou para ampliar suas interpretações e reflexões.

Após a leitura de um texto, o professor deve estimular que os alunos deem sua opinião sobre a leitura realizada, troquem impressões e discutam o tema tratado. É claro que há gêneros que favorecem esse debate e comportamento pós-leitura, como as novelas, textos literários, poemas, entre outros.

É possível elaborar-se também questões que mobilizem diferentes domínios de leitura:

• Formação de uma compreensão ampla e geral sobre os textos lidos – implica a construção de uma compreensão mais completa do texto lido, que envolve a identificação do tema abordado, da mensagem transmitida e das intenções do autor.

• Identificação de informações explícitas no texto – recuperação de informações: implica a localização e seleção de informações específicas presente no texto, nas linhas.

• Identificação de informações implícitas – implica o desenvolvimento de uma interpretação e construção de inferências.

• Reflexão – implica a construção de argumentos para avaliar as ideias presentes no texto e para relacioná-las aos conhecimentos adquiridos em outras fontes que não o texto lido.

É possível construir-se propostas nas quais os alunos tenham que responder a perguntas elaboradas pelo professor abrangendo todos esses domínios da leitura. Um cuidado especial será o de numa avaliação de leitura contemplar-se apenas a localização de informações explícitas, comumente encontrada em muitos materiais e livros didáticos.

Uma proposta de registro e tabulação pode ser feita como no exemplo da tabela 5 (p. 162).

A análise dos resultados da avaliação de leitura, formatados ou não como o apresentado nas tabelas 1-5, deve auxiliar o professor a enxergar as potencialidades e fragilidades de sua turma no que diz respeito à leitura e promover ações que possam corrigir rotas seguidas ou potencializá-las.

4.3 Avaliação da produção de texto

A produção de texto exige que o autor, no caso os alunos, planejem, ou seja, que considerem o contexto de produção (Para quem? Para quê? Em qual situação comunicativa está inserido?), selecionem o conteúdo temático, que escrevam de forma coerente e com coesão, respeitando as características do gênero e os aspectos linguístico-discursivos.

Como se pode ver, é uma tarefa complexa, que requer a mobilização e a orquestração de diferentes habilidades ao mesmo tempo. Tarefa complexa que precisa ser ensinada ao longo de toda a escolaridade.

Avaliar tantos aspectos também não é tarefa das mais fáceis e prescinde de um professor que tem claros seus objetivos, a metodologia utilizada para alcançá-los e os aspectos que devem ser avaliados.

Ao longo do trabalho, o professor deverá ensinar o aluno a:
- Planejar seu texto a partir da tarefa recebida, que deve ser clara o suficiente.
- Redigir seu texto, adequando-o à situação de comunicação e ao planejamento anterior, que pode ou não ser ajustado ao longo da escrita.

Tabela 5 Avaliação da leitura – Depois da leitura

Nome	Gênero e texto lido	Identifica ideia e o tema principal?	É capaz de construir uma síntese coerente do texto lido?	Identifica e recupera as informações explícitas?	Relaciona partes do texto para construir os sentidos?	Identifica e recupera as informações implícitas no texto realizando inferências?	Avalia criticamente o texto lido?
1.		Sim ( ) Não ( ) Parcialmente ( )	Sim ( ) Não ( ) Parcialmente ( )	Sim ( ) Não ( ) Parcialmente ( )	Sim ( ) Não ( ) Parcialmente ( )	Sim ( ) Não ( ) Parcialmente ( )	Sim ( ) Não ( ) Parcialmente ( )
2.		Sim ( ) Não ( ) Parcialmente ( )	Sim ( ) Não ( ) Parcialmente ( )	Sim ( ) Não ( ) Parcialmente ( )	Sim ( ) Não ( ) Parcialmente ( )	Sim ( ) Não ( ) Parcialmente ( )	Sim ( ) Não ( ) Parcialmente ( )
3.		Sim ( ) Não ( ) Parcialmente ( )	Sim ( ) Não ( ) Parcialmente ( )	Sim ( ) Não ( ) Parcialmente ( )	Sim ( ) Não ( ) Parcialmente ( )	Sim ( ) Não ( ) Parcialmente ( )	Sim ( ) Não ( ) Parcialmente ( )

Fonte: Elaborada com base no Referencial de Expectativas para o Desenvolvimento da Competência Leitora – Secretaria Municipal de São Paulo.

- Ajustar seu texto de acordo com as normas do sistema de escrita e a ortografia.
- Revisar seus textos.

As pautas de avaliação das produções escritas devem, portanto, contemplar as habilidades trabalhadas. Os alunos devem ser desafiados a revisar seus próprios textos, a princípio, coletivamente e/ou com a mediação do professor, depois em duplas ou revisando o texto de um colega para, então, corrigir seus próprios textos a partir de parâmetros estabelecidos.

É muito importante ressaltar que o processo de revisão implica o monitoramento de todas as etapas, desde o planejamento, a escrita propriamente dita, a leitura e a revisão finais.

É, portanto, mais do que corrigir erros ortográficos ou o emprego incorreto de pontuação ou letra maiúscula, é cuidar-se de todo o processo de produção e, principalmente, dos recursos de textualidade, que fazem do texto um todo coerente e coeso.

Cada gênero textual tem características próprias que o aproximam e o diferem dos demais. Conhecer essas características, assim como considerar o contexto de produção e a situação comunicativa em que forem produzidos, é tarefa de um professor que deseja diagnosticar as aprendizagens de seus alunos sobre a produção de textos.

As diferentes capacidades de linguagem devem ser contempladas ao longo do ano de forma que todas ou a maioria possam ser trabalhadas.

Capacidades de linguagem dominantes	Exemplos de gêneros orais
NARRAR	Contos, lendas, fábulas.
RELATAR	Relato de experiência, manchetes, carta pessoal, notícia.
ARGUMENTAR	Carta de leitor, anúncios, panfleto de campanha.
EXPOR	Verbetes de enciclopédias, resumo.
DESCREVER AÇÕES	Receitas, instruções de dobradura ou de montagem.

Daremos, a seguir, algumas sugestões de pautas de revisão que poderão ser utilizadas como referência.

Exemplo 1: textos da ordem do narrar

• Atividade: "Depois de ouvir o conto 'Chapeuzinho Vermelho' e conhecer bem as aventuras dessa menina esperta e desobediente, escreva a sua versão do conto. Não se esqueça de incluir o diálogo da menina com o lobo e da Chapeuzinho com sua vovó".

• Avaliação: Construir uma pauta de avaliação como a da tabela a seguir:

Nome	Atendeu a proposta?	Reproduziu os dados relevantes do enredo?	Apresenta as partes típicas que compõem a sequência textual (situação inicial, conflito, ações desencadeadas pelo conflito, resolução)?	Introduziu sequência dialogal?	Introduziu sequência dialogal com verbos de dizer?	Aspectos relacionados à ortografia que poderiam ser observados.
1.						
2.						
3.						

Exemplo 2: textos da ordem do relatar

• Atividade: "A nossa turma recebeu a visita do escritor José Ferreira e vamos publicar a notícia dessa visita no jornalzinho da escola. Escreva, em dupla com um colega, a notícia, não se esquecendo de colocar um título e as informações mais importantes para seu leitor, que serão os colegas das outras classes e os pais da escola".

• Avaliação: Construir uma pauta de avaliação como a da tabela a seguir:

Nome	Atendeu a proposta?	Escreveu uma notícia considerando os leitores potenciais?	Deu um título para a notícia?	Escreveu as informações mais importantes no primeiro parágrafo (LIDE)?	Cuidou da apresentação do texto e formatou-o em colunas?	Revisou a ortografia de acordo com os pontos trabalhados?
1.						
2.						
3.						

Cabe, mais uma vez, reiterar que a análise, interpretação, planejamento e replanejamento após a avaliação é de fundamental importância. Os dados obtidos teriam pouco ou nenhum valor se servirem apenas para medirmos alunos através da nota.

A mais importante e valiosa contribuição dos dados de avaliação reside na possibilidade de intervir na realidade e provocar mudanças substanciais na dinâmica da sala, nas metodologias adotadas e na forma de conduzir os processos de ensino e de aprendizagem.

Referências

ABRAHAM, A. et al. *El enseñante es también una persona.* Barcelona: Gedisa, 2000.

ALONSO TAPIA, J. *Evaluación psicopedagógica y orientación educativa* – Problemas de motivación y aprendizaje. Madri: Sintesis, 2012.

_____. *Qué es lo mejor para motivar a mis alumnos?* – Analisis de lo que los profesores saben, creen y hacen al respecto. Madri: Universidad Autónoma de Madrid, 1992.

_____. *Motivación y aprendizaje en el aula* – Como enseñar a pensar. Madri: Santillana, 1991.

BAKHTIN, M. *Estética da criação verbal.* 2. ed. São Paulo: Martins Fontes, 1997.

BALDI, E. *Leitura nas séries iniciais*: uma proposta para formação de leitores de literatura. Porto Alegre: Projeto, 2009.

BRASIL/Secretaria de Educação do Ensino Fundamental. *Parâmetros Curriculares Nacionais*: Língua Portuguesa. Brasília: [s.e.], 1997.

BRONCKART, J.P. *Atividades de linguagem* – Por um interacionismo sociodiscursivo. São Paulo: Educ, 1999 [Trad. de Anna Rachel Machado e Péricles Cunha].

ESTEVE, J.M.; FRANCO, S.; VERA, J. *Los profesores ante el cambio social*. Barcelona: Anthropos, 1995.

FREIRE, P. *Professora sim, tia não* – Cartas a quem ousa ensinar. 10. ed. São Paulo: Olho D'Água, 2000.

GAMBRELL, L.B.; CODLING, R.M.; PALMER, B.M. "Elementary students' motivation to read". *Research report*. College Park, MD/Athens, GA: National Reading Research Center/University of Maryland and Georgia, 1996.

GAMBRELL, L.B; PALMER, B.M.; CODLING, R.M.; MAZZONI, S.A. "Assessing Motivation to Read". *Reading Teacher*, n. 49, 1996, p. 518-533.

JESUS, S.N. *A motivação para a profissão docente*: contributo para a clarificação de situações de mal-estar e para a fundamentação de estratégias de formação de professores. Aveiro: Estante, 1996.

KAUFMAN, A.M.; RODRIGUEZ, M.H. *Escola, leitura e produção textual*. Porto Alegre, Artmed, 1995.

KOCH, I.; ELIAS, V.M. *Ler e compreender os sentidos do texto*. São Paulo: Contexto, 2006.

LERNER, D. *Ler e escrever na escola:* o real, o possível e o necessário. Porto Alegre: Artmed, 2002.

LUCKESI, C.C. *Avaliação da aprendizagem escolar*: estudos e proposições. 10. ed. São Paulo: Cortez, 2000.

MARCUSCHI, B.; SUASSUNA, L. (orgs.). *Avaliação em Língua Portuguesa*: contribuições para a prática pedagógica. Belo Horizonte: Autêntica, 2007.

MORIN, E. *Os sete saberes necessários à educação do futuro.* São Paulo: Cortez, 2000.

RIO GRANDE DO SUL/Secretaria de Estado da Educação/Departamento Pedagógico. *Referenciais curriculares do Estado do Rio Grande do Sul.* Linguagens, códigos e suas tecnologias. Porto Alegre: SE/DP, 2009.

ROCCO, M.T.F. *Literatura/ensino*: uma problemática. São Paulo: Ática, 1996.

SCHNEUWLY, B.; DOLZ, J. e col. *Gêneros orais e escritos na escola.* Campinas: Mercado de Letras, 2004.

SOLÉ, I. *Estratégias de lectura.* Barcelona: Graó, 1992.

Os autores

Zoraia Aguiar Bittencourt – Graduada em Letras (Fapa), especialista em Alfabetização (Fapa), mestre em Educação (UFRGS) e doutoranda em Educação (PUCRS). Coordenadora do Grupo de Estudos em Alfabetização do Município de Erechim (Geame). Professora do Curso de Licenciatura em Pedagogia da Universidade Federal da Fronteira Sul (UFFS) – Campus Erechim. Pesquisadora do Grupo de Pesquisas em Educação, Culturas e Políticas Contemporâneas. E-mail: zoraiabittencourt@gmail.com

Rodrigo Saballa de Carvalho – Pedagogo, mestre em Educação (UFRGS), doutor em Educação (UFRGS), pós-doutor em Educação (Ufpel). Professor do Programa de Pós-Graduação Interdisciplinar em Ciências Humanas (PPGICH-UFFS) e do Curso de Licenciatura em Pedagogia da UFFS – Campus Erechim. Líder do Grupo de Pesquisas em Educação, Culturas e Políticas Contemporâneas. E-mail: rsaballa@terra.com.br

Silvia Regina Robles Juhas – Fonoaudióloga (Ufscar), psicopedagoga (Faculdades Campos Sales), especialista em Docência em Língua Portuguesa (Instituto Superior de Educação Vera Cruz). Assessora de escolas privadas e públicas em Língua Portuguesa e Didática no Ensino Fundamental. Assessora do Programa de Imersão em Língua Portuguesa no Estado de Utah, Estados Unidos. E-mail: sjuhas27@gmail.com

Suzana Schwartz – Pós-doutorado na Faculdade de Psicologia da Universidade Autônoma de Madri (UAM, 2014), doutora em Educação pela PUCRS (Pontifícia Universidade Católica do Rio Grande do Sul, 2007) com estágio de doutoramento na Faculdade de Psicologia da Universidade Autônoma de Madri (UAM, 2005), mestre em Educação pela PUCRS (2001). Professora-adjunta III da Unipampa (Universidade Federal do Pampa) – Campus Jaguarão. Integrante do Grupo de Pesquisa Cultura Escolar, Práticas Pedagógicas e Formação de Professores (Unipampa) e do Núcleo de Educação de Jovens e Adultos (PUCRS). Coordenadora de projetos de pesquisa e de extensão que abordam temas relacionados à formação de professores, alfabetização, cultura escrita, gestão da sala de aula, pesquisa em sala de aula. E-mail: sznschwartz@gmail.com

Índice

Sumário, 5
Apresentação da coleção, 7
1 Compreensão leitora: o quê, para quê e como, 9
    1.1 Motivação para ler e compreender, 18
2 O ensino e a aprendizagem de Língua Portuguesa nos anos iniciais, 24
    2.1 O ensino de Língua Portuguesa nos anos iniciais, 24
    2.2 A leitura como interrogação de textos, 29
    2.3 A produção de textos como processo de escrita e reescrita, 34
    2.4 Os gêneros textuais, 40
    2.5 As interlocuções entre a criança contemporânea e os gêneros textuais, 51
    2.6 O desafio da escola: constituir leitores e produtores de textos, 55
3 As práticas pedagógicas, 60
    3.1 O lugar dos textos na escola, 62
    3.2 As modalidades organizativas do trabalho com textos na sala de aula, 67
    3.3 Uma proposta didática a partir das modalidades organizativas, 69
        3.3.1 Atividades permanentes, 69
        3.3.2 Sequências didáticas, 81
        3.3.3 Projetos, 94
        3.3.4 Atividades de sistematização, 130
    3.4 Para encerrar a conversa, 147
4 Avaliação, 148
    4.1 Avaliação da oralidade, 152
    4.2 Avaliação da leitura, 156
    4.3 Avaliação da produção de texto, 161
Referências, 169
Os autores, 173

CULTURAL

Administração
Antropologia
Biografias
Comunicação
Dinâmicas e Jogos
Ecologia e Meio Ambiente
Educação e Pedagogia
Filosofia
História
Letras e Literatura
Obras de referência
Política
Psicologia
Saúde e Nutrição
Serviço Social e Trabalho
Sociologia

CATEQUÉTICO PASTORAL

Catequese
  Geral
  Crisma
  Primeira Eucaristia

Pastoral
  Geral
  Sacramental
  Familiar
  Social
  Ensino Religioso Escolar

TEOLÓGICO ESPIRITUAL

Biografias
Devocionários
Espiritualidade e Mística
Espiritualidade Mariana
Franciscanismo
Autoconhecimento
Liturgia
Obras de referência
Sagrada Escritura e Livros Apócrifos

Teologia
  Bíblica
  Histórica
  Prática
  Sistemática

REVISTAS

Concilium
Estudos Bíblicos
Grande Sinal
REB (Revista Eclesiástica Brasileira)
SEDOC (Serviço de Documentação)

VOZES NOBILIS

Uma linha editorial especial, com importantes autores, alto valor agregado e qualidade superior.

VOZES DE BOLSO

Obras clássicas de Ciências Humanas em formato de bolso.

PRODUTOS SAZONAIS

Folhinha do Sagrado Coração de Jesus
Calendário de mesa do Sagrado Coração de Jesus
Agenda do Sagrado Coração de Jesus
Almanaque Santo Antônio
Agendinha
Diário Vozes
Meditações para o dia a dia
Encontro diário com Deus
Guia Litúrgico

CADASTRE-SE
www.vozes.com.br

EDITORA VOZES LTDA.
Rua Frei Luís, 100 – Centro – Cep 25689-900 – Petrópolis, RJ
Tel.: (24) 2233-9000 – Fax: (24) 2231-4676 – E-mail: vendas@vozes.com.br

UNIDADES NO BRASIL: Belo Horizonte, MG – Brasília, DF – Campinas, SP – Cuiabá, MT
Curitiba, PR – Florianópolis, SC – Fortaleza, CE – Goiânia, GO – Juiz de Fora, MG
Manaus, AM – Petrópolis, RJ – Porto Alegre, RS – Recife, PE – Rio de Janeiro, RJ
Salvador, BA – São Paulo, SP